세상을 읽는
통찰의
순간들

세상을 읽는
통찰의
순간들

김경준 지음

일에일북스

디지털 격변기,
본질을 보는 통찰의 힘

"우리나라에 사는 쥐는 몇 마리일까? 3일 이내에 알아보자"는 질문을 던져보겠습니다. 정확한 해답은 없더라도 합리적 추론을 통해서 의사결정의 근거를 도출해야 하는 상황을 전제합니다. 접근방법은 다양합니다. 우리나라를 도시·농촌·어촌 등 유형별로 나누어 샘플조사를 진행해서 추정하거나, 쥐를 먹이로 하는 고양이 숫자를 파악하는 방법도 생각해볼 수 있습니다. 개인적으로 접했던 가장 탁월한 응답은 "우리나라에서 가장 큰 쥐약회사를 찾아가서, 그 회사가 추정하는 쥐 마릿수를 알아오겠다"였습니다. 쥐약을 팔아서 먹고사는 사람이 쥐에 대해서 가장 많이 알고 있다는 접근입니다. 사안의 본질에 대해서 단도직입적으로 돌진하는 통찰력입니다.

21세기 디지털 시대의 우리에게 스마트폰은 일상용품입니다. 한 세대 전의 슈퍼컴퓨터보다 수백 배나 성능이 뛰어난 디바이스를 개인들이 사용하고 있습니다. 지구 반대편을 여행하는 친구와 실시간으로 대화하고 사진을 주고받습니다. 또한 평범한 개인들이 자신의 방에서 스마트폰으로 동영상을 제작해서 전 세계 시청자들에게 공유하는 1인 미디어 시대입니다. 과거 아날로그 시대에는 막대한 투자와 많은 인력이 있어야 가능했던 작업입니다.

동시에 우리는 수천 년 전에 쓰인 『성경』, 『불경』, 『논어』 등을 읽으면서 공감하고 삶의 지침을 얻습니다. 자동차와 컴퓨터는 고사하고 종이와 연필도 존재하지 않았던 옛날입니다. 고대에 만들어진 콘텐츠와 현대인들이 교감하는 것은 시간이 흘러도 인간의 삶에서 변하지 않는 부분들이 있기 때문입니다. 삶에서 기술적 발전으로 변하는 영역도 있지만 또한 시간의 무게를 뛰어넘는 불변의 영역도 있습니다.

세상과 삶에서 변하지 않는 본질을 뚫어보는 힘이 '통찰력'입니다. 겉으로 드러나는 양상과 속에 들어 있는 본질은 간극이 있게 마련입니다. 겉과 속은 같지도 않고 다르지도 않습니다. 또한 같기도 하고 다르기도 합니다. 현상의 겉을 관찰하고 속도 들여다보아야 전체 모습이 이해됩니다. 세상살이에서 올바른 방향을 잡고 앞으로 나아가기 위해서는 화려한 겉모습에 현혹되지 않고 냉정하게 속의 본질을 직시할 수 있어야 합니다.

　어린 시절과 청년기를 거쳐서 사회생활을 시작한 지 30년이 되었습니다. 젊은 시절의 패기만만한 기세는 수그러들었지만 시간이 지나면서 세상을 보는 시각은 숙성되었다고 느낍니다. 겉으로는 그럴듯해 보이지만 실제로는 허황된 논리와 표리부동한 사람들을 접하면서 깨달았습니다. 동시에 본질을 이해하고 불편한 진실과 마주하는 명실상부한 용기와 지혜를 겸비한 사람들을 높이 평가하게 되었습니다.
　본질을 보는 통찰력은 경험과 지식, 관점의 삼박자입니다. 직장생활, 취미활동, 교우관계 등 삶의 경험이 축적되면서 생겨납니다. "젊은 천재는 있어도 젊은 대가는 없다"는 말처럼 일정한 연륜이 필요합니다.
　지식은 경험을 뒷받침합니다. "낫 놓고 기역자를 모른다"는 속담의 일자무식처럼 지식이 없어도 일상생활을 통한 터득으로 세상과 삶의 본질을 통찰할 수 있습니다. 그러나 지식이 뒷받침되면 폭넓게 이해하게 됩니다. 관점이 결정적입니다. 경험과 지식이 풍부해도 이를 갈무리하는 관점이 왜곡되어 있으면 한계가 분명합니다. 세상을 100% 해석할 수 있는 논리는 없고 나름대로의 설명력만 가지고 있습니다. 따라서 한 번 관점이 왜곡되면 왜곡된 프레임으로 세상을 동일하게 반복, 재해석하는 함정에서 빠져나오기 어렵습니다. 색안경을 끼고 보는 세상과 같습니다.

제 경험에 비추어 보면 자신의 능력으로 먹고사는 사람은 비교적 건전한 관점에서 세상살이의 본질을 제대로 통찰합니다. 반면 남에게 기대어 먹고사는 부류는 왜곡된 관점에서 세상을 해석하고 자신의 정당성을 강변하게 마련입니다. 이러한 부분 역시 삶의 본질이라고 생각합니다.

21세기 디지털 시대입니다. 영역을 불문하고 매일매일 변화가 일어나면서 아날로그 구舊질서가 퇴조하고 디지털 신新질서가 형성되는 격변의 과정에 있습니다. 이러한 변화의 겉모습을 증폭시켜 보여주면서 호들갑을 떠는 부류들에게 휘둘리지 않고, 자신의 관점으로 변화를 바라보고 차분하게 삶의 좌표를 잡기 위해서는 본질을 꿰뚫어 보는 통찰력이 절실합니다. 제 나름대로 다양한 현상을 보고 느끼면서 정리했던 경험과 논리, 관점들이 독자들에게 도움이 되었으면 하는 바람입니다.

2019년 7월
김경준
딜로이트 컨설팅 부회장

PART 4
생각의 틀을 깨는 통찰의 방식

불교 선승들은 "우리가 살아가는 일상생활이 곧 수행이다"라고 말합니다. 절의 선방에서 가부좌를 틀고 참선하는 것만이 수행이 아니라 밥을 하고 마당을 쓸면서도 마음가짐을 바로 하고 집중하는 것이 곧 참선이라는 의미입니다.

우리의 평범한 일상생활에 통찰력을 키우는 기회들이 있습니다. 생활에서 독특하게 느껴지는 순간들을 반추하고 갈무리하는 과정이 필요합니다.

PART 1

평범한 순간을
기회로 만드는
통찰의 힘

프랑스 레스토랑과
순대국밥집

요리가 발달하기 위한
2가지 조건

●　　　　　　국가 간의 교류가 많아지면 음식도 다
양해집니다. 한류 분위기를 타고 우리나라 음식이 다른 나라
에서도 인기라고 합니다. 반대로 우리나라에서도 다양한 나
라의 음식을 즐길 수 있습니다. 중국·일본·서양식에 이어 인
도·터키·베트남·태국 음식들도 인기를 끌고 있습니다.

세계적으로 요리가 발달한 나라로 프랑스·터키·인도·중국

을 꼽습니다. 이런 나라들처럼 음식문화가 발달하려면 다음의
2가지 조건을 갖추어야 합니다.

첫째는 귀족층의 형성입니다. 부모를 잘 만나서 평생 먹고
사는 문제에 대한 걱정 없이 오로지 맛있는 음식을 먹으며 재
미있게 살다가 인생을 마감하는 사람들이 존재해야 합니다.
미각이 극도로 발달한 이런 풍요로운 사람들이 다양한 음식
을 만들어내게 하는 수요자가 됩니다.

둘째로 지리적 조건입니다. 바다·강·평야·산간 등 다양한
지형에서 갖가지 재료와 양념이 조달되어야 합니다. 앞서 말
한 세계 요리대국인 프랑스·터키·인도·중국은 역사적·지리적
으로 모두 이러한 조건을 만족시킵니다.

유럽의 지도를 보면 프랑스는 북해에서 지중해, 알프스에서
지중해 근방 론강 유역 평야까지 다양한 지형과 기후에서 풍
성한 식재료가 공급되어왔습니다. 로마시대에 '갈리아'로 불렸
던 이 지역은 2천 년 전부터 스페인과 함께 풍요의 땅이자 유
럽의 중심이었습니다.

역사적·지리적 조건을 충족한 프랑스는 일찍이 서양식 요리
의 원형을 형성했습니다. 산업혁명 이후 프랑스를 위시한 서
유럽이 세계질서를 주도하고 근대 문명의 근간을 형성하면서
프랑스 요리는 고급 요리의 대명사가 됩니다. 터키·인도·중국
은 근대 세계사의 주류에서 탈락하면서 요리도 고급 이미지가
강하지 않습니다.

서민음식인 양평해장국과
백암순대국

●　　　　조선시대 백정이 소, 돼지를 잡으면 보상으로 내장, 피 등 부산물을 받았습니다. 고기는 양반들이 가져가고 백정들은 보상으로 받은 부산물을 평민들이 즐겨먹는 해장국이나 순댓국의 재료로 팔아서 생활했습니다. 그래서 지금도 해장국이나 순댓국으로 유명한 지역은 조선시대 백정들이 모여 살던 곳과 가깝습니다. 예를 들어 양주 지역은 해장국이 유명한데, 조선 명종 시절의 대도적 임꺽정이 양주 사람으로 백정 출신입니다.

이러한 배경에서 전형적인 서민음식인 해장국과 순댓국은 20~30년 전만 해도 저렴한 가격에 푸짐한 고기 국물과 건더기로 든든하게 배를 채울 수 있는 그야말로 저렴한 장터 음식이었습니다. 오늘날 체인점이 생기고 깨끗한 맛집들이 생겨나기는 했지만 지금도 순댓국은 기본적으로 서민음식입니다.

프랑스 레스토랑 셰프와
순대국밥집 주방장

●　　　　우리나라에서도 격조 있는 프랑스 레스토랑을 운영하는 것은 셰프들의 우아한 꿈입니다. 반면 순대국밥집은 아무래도 생계형 식당의 느낌입니다.

음식점을 운영하는 A와 B라는 두 사람이 있다고 가정하겠습니다. A는 프랑스의 유명한 요리학원인 르 꼬르동 블루Le Cordon Bleu에서 공부하고 귀국해서 프랑스 레스토랑을 차렸습니다. 격조 있는 분위기, 정통 프랑스 요리를 기반으로 나름대로 명성을 얻고 인정도 받았습니다. 하지만 요리 관련 잡지나 TV 프로그램에 자주 나오는 셰프의 화려한 외양과는 달리 실제로 돈을 벌기는 어렵습니다. 워낙 재료비도 많이 들고 낮은 회전율 등 다른 원가구조도 높기 때문입니다.

B는 순대국밥집을 차렸습니다. 하루 종일 냄새나는 돼지 내장을 손질하고, 반찬으로 내놓을 김치도 자주 담가야 합니다. 순대국밥집의 특성상 아무래도 약간 소란스럽기 마련이고 격조와는 거리가 있습니다. 그러나 외양은 소박하지만 맛집으로 입소문이 나면서 손님이 늘어나 돈을 법니다.

사업 관점에서 본다면 전자의 프랑스 레스토랑은 전형적인 외화내빈外華內貧이고, 실속은 순대국밥집입니다. 사업이란 본질적으로 고객에게 가치를 제공하고 돈을 버는 일입니다. 화려한 외양과 수익성의 확보는 별개의 문제입니다. 물론 누구든 돈을 잘 버는 프랑스 레스토랑을 하고 싶어 합니다. 하지만 돈을 못 버는 프랑스 레스토랑은 아무리 격조가 있어도 사업으로서는 실격입니다. 돈을 버는 순대국밥집이 사업으로서 가치가 있습니다.

사업의 핵심은 외양이 아니라
실질적 수익성

●　　　　　물론 프랑스 레스토랑의 셰프와 순대
국밥집의 주방장은 차이가 있습니다. 셰프와 주방장은 단어
가 주는 어감부터 다릅니다. 사람이란 금전적 측면 외에 사회
적 평판도 중시하기에 식당을 하더라도 이왕이면 폼 나게 하
고 싶어 합니다. 셰프는 TV에도 나오고 연예인 수준의 인기도
얻지만 주방장에게는 쉽지 않은 일이죠. 하지만 이러한 외양
과는 별개로 사업의 본질은 돈을 버는 것이라는 의미에서 취
재하려는 기자가 들락거리는 프랑스 레스토랑보다 식사를 하
려는 손님이 몰려드는 순대국밥집이 한 수 위입니다.

또한 펫 비즈니스Pet Business의 함정도 주의해야 합니다. 반
려동물Pet처럼 개인이 좋아하는 취향을 사업으로 연결시킬 때
빠질 수 있는 위험입니다. 대개 부유한 집의 아들은 자동차를
좋아하게 마련이고, 딸들은 패션이나 문화예술에 관심이 많습
니다. 이러한 관심과 안목을 사업으로 제대로 연결시키면 성
공의 가능성이 높아집니다. 반면 사업에서 경제성에 근거한
합리적 판단이 아니라 개인적 애착을 기반으로 의사결정을 하
게 되면 실패 위험성이 높아집니다. 좋아하기 때문에 관심도
많고 지식도 많지만, 사업에 대한 욕구가 강하다 보니 합리성
을 상실하기도 쉽습니다.

물론 소규모 자영업 수준에서는 개인적인 취미를 사업으로

●

사업이란 고객에게 가치를 제공하고
돈을 버는 일입니다.
화려한 외양과 수익성의 확보는
별개의 문제입니다.

연결시키는 것이 자연스럽고 성공할 수 있는 핵심요인입니다. 하지만 규모와 조직을 갖춘 사업이라면 다른 문제입니다. 돈을 벌지 못하는 사업은 의미가 없습니다. 아무리 사회적 책임을 다한다고 해도 돈을 벌지 못하면 생존할 수 없는 것이 엄연한 현실입니다. 돈을 벌기 위해서는 고객들에게 그들이 원하는 가치를 제공해야 합니다.

이 세상에 가치를 느끼지 않는 것에 지갑을 여는 사람은 없습니다. 동생이 하는 식당이라도 자신의 입맛에 맞지 않으면 두 번 찾기는 어려운 것이 인지상정입니다. 업종을 막론하고 사업이란 고객이 가치를 느낄 수 있도록 제품이나 서비스를 제공하고 돈을 버는 것입니다. 아무리 외양이 훌륭해도 생존할 수 있는 수준의 돈을 벌지 못하는 사업은 무의미합니다.

사업이란 '생존'이라는 목적지를 향해 '시장'이라는 도로 위를 '이익'이라는 연료를 태우면서 달리는 자동차와 같습니다. 도로 위의 자동차들은 많고, 뒤처지면 연료가 바닥나 자동차는 멈춥니다. 이런 점에서 서울대학교 윤석철 명예교수의 '생존부등식'이 사업의 본질을 간단명료하게 나타냅니다.

소비자는 가치가 가격보다 높아야 구매하고, 생산자는 비용보다 가격이 높아야 생산할 수 있습니다. 사업의 생존부등식은 '가치가 가격보다, 가격은 비용보다 높아야 한다'입니다. 물론 일시적인 역전은 있을 수 있지만 기본적으로는 충족되어야 하는 전제 조건입니다.

· 생존부등식 ·

소비자 구매 조건	......	가치(V) > 가격(P)
생산자 판매 조건	......	가격(P) > 비용(C)
생존부등식	......	가치(V) > 가격(P) > 비용(C)

* 가치, 가격, 비용은 역동적으로 변한다

또한 가치, 가격, 비용의 연결구조는 역동적으로 변한다는 점을 알아야 합니다. 소비자가 인식하는 가치, 시장에서 형성되는 가격, 생산자의 비용구조는 환경변화에 따라 끊임없이 변동합니다. 이러한 역동성을 이해하고 합리적으로 적응하는 과정이 바로 사업의 본질입니다.

누구나 격조 있는 프랑스 레스토랑을 운영하면서 돈도 벌고 싶어 합니다. 하지만 격조 있다는 것과 돈을 번다는 것은 다릅니다. 사업의 외양에 현혹되지 않고 본질을 통찰할 수 있는 실질적 관점이 사업 성공의 알파이고 오메가입니다.

●●●

레스토랑은 전형적 외화내빈이고, 실속은 순대국밥집입니다. 돈을 못 버는 레스토랑은 격조가 있어도 사업으로서는 실격입니다. 돈을 버는 순대국밥집이 사업으로서 가치가 있는 것입니다. 돈을 벌지 못하는 사업은 의미가 없습니다. 외양이 훌륭해도 생존할 수 있는 수준의 돈을 못 버는 사업은 무의미합니다. 사업 성공을 위해서는 외양에 현혹되지 않고 본질을 통찰할 수 있는 실질적 관점을 가져야 합니다.

업의 본질에 대한 자신만의 확실한 관점이 있는가?

삼성 신경영의 핵심이었던
'업의 개념'

● 1993년은 '삼성 신경영'이 시작된 해입니다. "마누라와 자식 빼고 모두 바꿔보자"라는 도전적인 슬로건이 그 상징이었습니다. 당시 철없는 사회 초년생이었던 저는 으레 있는 이벤트 정도로 치부하면서 관련 기사를 읽곤 했던 기억이 납니다.

하지만 삼성 신경영은 그야말로 놀라운 성과를 창출했습니다. 삼성전자는 1997년 1개월 매출 1조 5천억 원에서 20년 후인 2017년에는 1개월 영업이익이 4조 5천억 원을 넘어섰습니다. 같은 기간 매출 3배 증가도 쉽지 않은데 매출 3배에 이르는 영업이익을 거두는 변모는 기적에 가깝습니다.

1990년대 변두리 골목대장에 불과했던 삼성전자가 오늘날 글로벌 초일류로 부상한 분기점이었던 1993년 '신경영의 출발점'은 6월 6일 이건희 회장의 프랑크푸르트 출장 가방에 담겨 있던 소위 '후쿠다 보고서'였습니다. 일본 교세라 출신인 후쿠다 다미오 고문이 적나라하게 지적한 삼성의 문제점과 개선방안은 삼성을 비롯해 우리나라 기업들이 훗날 글로벌 기업으로 도약하는 기폭제였다고 평가됩니다.

당시 삼성은 '업業의 개념'과 '업의 본질'에 대한 성찰을 강조했습니다. 단순히 '어떤 물건을 어떻게 만들어서 누구에게 판다'라는 차원을 넘어선 본질적 개념을 정립해야 사업의 현재와 미래가 보인다는 의미였습니다. 솔직히 저도 반신반의했습니다만, 생각할수록 핵심이 들어 있다고 느껴집니다.

가전 영업은 건어물 장사, 컴퓨터 영업은 생선 장사

● 1990년 삼성전자 프랑크푸르트 지사의 이명우 차장은 이건희 회장의 방문을 받습니다. 당시 삼성

●

'업業의 개념'과 '업의 본질'은
단순히 '어떤 물건을 어떻게 만들어서
누구에게 판다'라는 차원을 넘어선
본질적 개념을 정립해야
사업의 미래가 보인다는 의미입니다.

전자는 성장 초기의 컴퓨터 사업을 확대하고 있었고, 한국과 영국에서 가전 영업을 하던 이명우 차장은 유럽 시장의 컴퓨터 영업을 담당하고 있었습니다.

가전 영업 달인들이 컴퓨터 영업으로 옮겨서 판판이 깨지던 상황에서 경영진은 가전 출신으로는 안 되겠으니, 외부에서 컴퓨터 영업 전문가를 영입할 수밖에 없다고 생각하던 참이었습니다. "가전 영업을 하던 사람이 여기도 있네. 본사로 복귀시켜!"라는 분위기에서 이명우 차장은 "그동안 부진했지만, 한 가지는 분명히 깨달았습니다. 가전제품 영업이 건어물 장사라면 컴퓨터는 생선 장사입니다. 제게 기회를 주신다면 생선 장사를 제대로 해보고 싶습니다"라고 보고합니다.

당시 유럽법인에 컴퓨터 판매목표가 할당되면 생산에 6주, 창고 입고에 6주가 걸려 총 12주가 소요되었습니다. 냉장고와 TV는 12주, 즉 3개월은 기본적인 리드타임이지만 컴퓨터의 3개월은 286컴퓨터가 386컴퓨터로 바뀌는 기간이었습니다. 즉 가전 사업에서는 계획생산과 안정재고가 중요하다는 점에서 썩지 않는 건어물 유통과 흡사한데, 컴퓨터는 대응생산과 신속배송이 중요해 신선도가 핵심인 생선 장사와 일맥상통하더라는 것입니다.

그렇게 보니 SCM공급망 관리의 개념이 달라지고, 운송도 선박과 함께 비행기도 활용하는 등 근본적인 변화의 방향이 보였습니다. 즉 업의 개념을 어떻게 파악하느냐에 따라 실제 업무

방식이나 전략이 달라질 수 있으며, 업의 개념이란 제품이나 서비스가 무엇인지에 대한 명확한 정의이고, 하고 있는 일에 대한 깊은 성찰이라는 소중한 교훈을 얻었습니다.

1990년대 삼성의 가전 부문 과장은 패션쇼 구경을 권장하기도 했습니다. 가전제품을 판매하려면 디자인, 색상을 포함해서 적어도 전체 제품 개념의 80%는 이해해야 올바른 의사결정을 할 수 있다는 의미로 권장하는 것이었습니다.

이렇듯 각 부문에서 갈무리된 '업의 개념'들은 삼성 신경영의 초석이 됩니다. 이후 유럽시장에서 큰 성과를 거둔 이명우차장은 미국 가전 사업까지 총괄하게 되었고, 이후 소니코리아 사장, 한국코카콜라 보틀링의 회장을 거치면서 우리나라 해외시장 개척의 1세대로 자리매김합니다. 2013년 출간된『적의 칼로 싸워라』에서 전후 사정을 확인할 수 있습니다.

가정주부·기자·술집의
업은 무엇인가?

● 그 당시 삼성경제연구소에서는 강신장 상무(현재 모네상스 대표)가 신경영 전도사였습니다. 강 상무가 한번은 가정주부의 업의 개념을 생각해보자고 하더군요. 다양한 이야기들이 나왔지만, 백미는 강 상무가 말한 "해피니스 메이커Happiness Maker"였습니다.

신문기자로 일하는 제 친구에게 기자의 업의 개념을 물어보았더니 "조기경보자"라는 대답이 돌아왔습니다. 즉 남보다 일찍 어떤 문제의 발생 가능성을 알리는 '늑대가 나타났다고 외치는 소년'이라는 것입니다.

그렇다면 술집의 업은 어떨까요? 통상 예쁜 마담과 술을 마시고 기분을 전환할 수 있도록 장소를 제공하는 곳입니다만, 만약 '80세 할머니와 술을 마시는 곳'이 된다면 여러분은 가시겠습니까?

하지만 100세가 되어서도 일본 도쿄 긴자에서 인기를 누리던 마담이 있었습니다. 1948년에 도쿄 외곽 고탄다에서 커피숍을 연 뒤 1951년에 긴자로 장소를 옮겨 53년 동안 '길베이 아이'라는 조그만 바(우리나라로 치면 양주바)를 운영하다 101세가 되던 2003년 여름에 작고한 아리마 히데코입니다. 그녀는 "술집은 샐러리맨들의 스트레스를 풀어주는 곳, 마담은 술을 마시는 사람이 아니라 손님이 즐겁게 술을 마시도록 도와주는 사람"으로 정의했습니다.

그녀는 진급에 실패한 샐러리맨에게는 위로의 편지를, 사업에 성공한 사업가에게는 축하의 편지를 쓰는 것이 평생 동안 거르지 않던 오전 일과였고, 정작 술은 90세가 넘어서야 한 모금씩 마시기 시작했다고 합니다. 손님들과 풍부하고 격조 있는 대화를 하기 위해서 매일 3개 신문의 뉴스뿐 아니라 광고까지 읽으면서 시사지식을 꾸준히 습득했습니다.

단골손님 가운데는 전직 총리를 포함, 우리나라에도 유명한 소설가 엔도 슈사쿠, 일본 이토추상사의 전 회장 세지마 류조 등 명사들이 즐비했습니다. 아리마 할머니는 술을 매개체로 '인생 상담업'을 하고 있었던 것입니다. 요즘 표현으로 존경받는 멘토였습니다.

디지털 시대,
'업의 개념'을 생각한다

●   산업화 시대 기업의 3요소는 토지, 노동, 자본으로 분류했습니다. 기업은 3가지 유형자산을 최적으로 결합해 제품을 생산하고 수익을 창출합니다. 그러나 산업이 고도화되면서 기술, 지식, 브랜드 등 무형자산의 중요성이 높아졌습니다.

21세기 디지털 시대 기업의 핵심자산은 무형자산 중에서도 데이터와 알고리즘으로 진화하고 있습니다. 예컨대 글로벌 유통시장의 지존인 아마존 경쟁력의 핵심은 고객별로 제안하는 역동적인 가격책정 알고리즘입니다. 경쟁자와의 격차를 확대하기 위해 알고리즘의 적용범위를 더욱 확장하고 있습니다.

2014년 10월 아마존은 '정원용품을 식별하고 추천하는 기술' 특허를 취득했습니다. 소비자들이 정원의 사진을 찍어서 보내면 이를 분석해서 적절한 재배식물을 제안하는 서비스입니다. 재배에 필요한 도구의 추천이 곁들여집니다. 수확한 농작물 사진을 보내면 이를 분석해서 관련된 요리 조리법을 보내줍니다. 추가로 구매할 식재료와 양념, 조리도구의 구입 제안이 뒤따릅니다.

가격, 소비자 행동 분석, 라이프 분석 등으로 확장되는 이러한 알고리즘의 집합이 아마존 경쟁력의 핵심입니다. 판매업의 외양을 한 아마존이 가진 업의 본질은 '선택지원업'입니다. 또한 글로벌 콘텐츠 유통시장의 변화를 주도하고 있는 넷플릭스도 고객의 시청습관 데이터를 분석해 선호하는 콘텐츠를 제안하는 알고리즘에 기반을 둔 '큐레이션 제안업'이라고 할 수 있습니다.

기술이 기하급수적으로 발전하고 시장구도가 급변하는 디지털 시대에 '업의 개념'은 더욱 중요합니다. 소비자들이 추구하는 근본 가치를 파악하고 이를 전달하는 사업구조를 구성하는 사업의 본질에 천착하게 합니다.

최근 국내에서 급성장하고 있는 마켓컬리라는 스타트업이 있습니다. 전문직에 종사하던 30대 여성이 신선한 식재료를 신속히 배달하는 온라인 쇼핑사업으로 시작했습니다. 저녁 11시까지 주문하면 다음 날 아침 7시까지 문 앞에 배송하는 '샛별배송'으로 고객기반을 확장하고 있습니다.

마켓컬리의 사업모델은 식재료의 신속한 배송에 따른 편의성에 기반을 두는데 업의 본질은 '콘텐츠 유통업'에 가깝습니

●

소비자들이 추구하는
근본 가치를 파악하고 전달하는
사업구조를 구성하는
사업의 본질에 천착해야 합니다.

다. 홈페이지에는 상품의 고급스러운 사진과 식재료마다의 흥미로운 스토리가 곁들여져 있습니다. 단순한 식재료의 구매가 아닌 스토리를 결합해 가치를 증대시키는 구조입니다.

아날로그 시대의 기업이 유형자산의 집합이라면 디지털 시대의 기업은 무형자산 중에서도 사이버 자산에 해당하는 알고리즘의 집합으로 진화하고 있습니다. 이와 동시에 알고리즘을 생성하고 진화하게 만드는 기반인 다양한 시장과 고객데이터의 가치도 높아집니다.

이렇듯 기술과 시장은 급변하지만 소비자들의 문제를 해결하고 가치를 전달하는 업의 본질은 변함없습니다. 이는 30만 년 전 지구에 출현한 호모 사피엔스가 21세기까지 비약적 진화과정을 거쳤지만 기본적 목표 함수인 '생존과 번식'이 변하지 않은 것과 마찬가지입니다.

디지털 시대의 초입에 업의 본질을 고민했던 삼성이 변방의 골목대장에서 글로벌 리더로 도약했습니다. 오늘날에도 업의 본질은 진지하게 접근해야 하는 화두입니다.

● ● ●

'삼성 신경영'이 시작된 1993년, 삼성은 '업의 개념'과 '업의 본질'에 대한 성찰을 강조했습니다. 업의 본질적 개념을 정립해야 사업의 현재와 미래가 보인다는 의미였습니다. 회사를 오래 다녔다고 사

업을 이해하는 것은 아닙니다. 생각을 깊이 해보지 않으면 이해할
수 없는 부분입니다. 한 분야에서 인정받는 전문가가 되려면 업의
본질에 대한 자신만의 관점이 있어야 합니다.

감옥과 수도원의 비교,
밥벌이의 의미

'경영의 신'으로 존경받는
마쓰시타 고노스케

● 　　　　　　산업화를 이룬 나라들은 모두 그 주역
들이 있습니다. 미국은 금융왕 J. P. 모건, 석유왕 존 록펠러,
철도왕 코넬리어스 밴더빌트, 철강왕 앤드류 카네기, 자동차
왕 헨리 포드를 꼽습니다. 일본은 도요타자동차의 도요다 사
키치, 혼다자동차의 혼다 소이치로, 소니의 모리타 아키오, 파
나소닉의 마쓰시타 고노스케가 대표적입니다. 물론 우리나라

는 삼성과 현대에 이어 럭키금성, 대우, 선경 등이 있습니다.

사업을 일으키고 일자리를 만들어 공동체에 큰 기여를 하는 기업인들이지만, 비즈니스의 특성상 모든 사람들에게 존경받기는 어렵습니다. 일단 어떤 이유든 돈이 많다는 자체로 사람들은 시기심을 가지게 마련이고, 또한 이런저런 이해관계의 당사자가 될 수밖에 없기 때문입니다. 반면 종교인·학자·정치인들은 실상이야 어떻든 그럴듯한 이야기만 하면서 호평을 얻고 존경을 받고 살다가, 심지어 죽어서는 신격화되는 경우가 많은 직업이죠.

다양한 신을 섬기던 로마에서 탁월한 업적을 남긴 사람은 죽어서 신神이 되었습니다. 그러나 신전은 정치가와 군인들이 차지했고 상인들은 꿈도 꾸지 못했습니다.

우리나라에서도 신적으로 추앙받는 정치인·군인·종교인은 있어도 기업인은 없습니다. 사농공상士農工商의 전통이 강한 일본에서도 상인의 지위는 마찬가지였으나, 마쓰시타 고노스케는 큰 발자취를 남기고 '경영의 신'이라는 칭호를 얻었습니다.

행복의 공간인 수도원,
고통의 공간인 감옥

●   마쓰시타 고노스케는 생전에 "감옥과 수도원의 공통점은 세상과 고립되어 있다는 점이다. 그러나

36

차이가 있다면 불평을 하느냐, 감사해 하느냐 그 차이뿐이다. 감옥이라도 감사해 하면 수도원이 될 수 있다"라는 말을 즐겨 하곤 했습니다.

사실 성스러운 수도자와 흉악한 범죄자는 인간생활의 양극단의 부류입니다. 세속적 욕망을 억제하고 영원한 진리를 추구하며 수행하는 공간인 수도원과, 세속적 욕망이 넘쳐흘러 저지른 죄악에 따른 대가를 치르는 공간인 감옥의 간격은 천당과 지옥만큼이나 멉니다. 그러나 수도원과 감옥은 의외로 공통점이 많은 공간입니다.

먼저 갇혀 지낸다는 점입니다. 제 발로 들어온 수도원과 남의 손에 잡혀온 감옥이지만, 어쨌든 자유롭게 드나들지는 못합니다. 잠깐 동안의 외출로 담장 밖 세상에 나올 수는 있으나 기본 생활공간은 제한되어 있습니다.

다음으로 모두 엄격한 규율에 따라 생활합니다. 수도원의 일과는 규칙적입니다. 새벽에 일어나서 하루 종일 정해진 일과에 따라 움직입니다. 감옥도 마찬가지로 기상, 식사, 세면, 작업, 취침 등 일상적인 활동조차 시간표에 따라야 하는 철저한 단체생활입니다.

마지막으로 식사와 잠자리가 소박합니다. 호화로운 식사와 잠자리는 정신을 수련하는 수도자에게는 오히려 방해가 될 것이고, 죄의 대가를 치르는 죄수들에게는 사치일 뿐입니다. 육신을 유지하는 최소한의 수준이 당연할 것입니다.

이렇듯 수도원과 감옥은 갇혀 있고, 엄격한 규율을 따르고 생활이 불편하다는 점에서 공통점이 많은 공간이지만, 그 안에서 생활하는 사람들은 천지 차이입니다. 수도사들에게 수도원은 행복의 공간입니다. 마음만 바꾸면 자기 발로 언제든지 걸어 나갈 수 있지만 닫힌 공간에서 기쁘게 생활합니다. 평생을 보내는 사람도 적지 않습니다. 반면 죄수들에게 감옥은 고통의 공간입니다. 바깥으로 나가는 날만 손꼽아 기다리며 하루하루를 견딥니다.

인간의 삶에서 몸담고 있는 물리적 공간 자체보다 그 공간에서 보내는 시간을 어떤 마음으로 무엇을 하면서 보내느냐가 더 중요합니다. 이런 점에서 모든 현실은 결국 마음이 지어내는 것이라는 일체유심조一切唯心造와 통하는 깨달음입니다.

자신을 낮추는 삶으로
신의 경지에 오르다

●   요즘 세상에서 SNS 몇 줄 쓸 수 있는 감각을 가졌다면 누구나 이런 수도원과 감옥 정도의 이야기는 지어낼 수 있을 겁니다. 넘치는 감성과 현란한 글재주를 버무린 소위 '인생멘토'라고 자처하는 부류들이 많이 있습니다. 실제로는 자기관리도 제대로 못하는 인생멘토 부류들의 얄팍한 이야기와 비교해서 수도원과 감옥 비유의 울림이 다른 것

38

은 마쓰시타의 삶이 주는 무게감 때문입니다.

가정 형편이 어려워 초등학교 4학년을 중퇴하고 작은 가게 점원 생활을 시작한 마쓰시타는 1917년 23세에 '마쓰시타 전기제작소'를 설립합니다. "회사 근무는 하루 일하면 하루치 급료를 주었으므로 쉬는 날은 밥을 먹지 못하는 때도 있었다. 그래서 쉬더라도 먹고살기 위해 장사를 시작한 것이다"라고 술회했을 정도로 어려운 젊은 시절을 보냅니다.

초라한 시작과 달리 마쓰시타는 연결 플러그와 자전거 램프 제조에 성공하면서 그의 사업은 번창했습니다. 그러던 1932년 5월 5일 자신의 사명이 "가난 극복, 물자를 풍족하게 생산해 사람들이 수돗물처럼 마음껏 쓰게 한다"라는 것임을 깨닫습니다. 그는 이날을 창립기념일로 정한 뒤 250년간을 사명 달성기간으로 정해 제1기인 25년을 자신이 책임진다고 생각할 만큼 긴 호흡의 사고를 펼쳤습니다.

소년 시절 배움이 적어 야학에서 가르치는 수학조차 이해할 수 없었던 그가 무일푼으로 시작해 거대 기업을 일으킨 비결은 제품이나 기술이 아니라 뛰어난 경영이었습니다. 인간을 이해하고 조직을 다룰 줄 알았던 그는 경영을 논리와 기법이 아니라 사상과 예술의 영역으로 승화시켰습니다.

그러나 역설적으로 마쓰시타는 자신을 끝없이 낮춤으로써 '경영의 신'의 경지에 올랐습니다. "나는 배운 것도 적고 재능도 없는 평범한 사람이다. 사람들은 내가 경영을 잘한다거나

인간의 삶에서 몸담고 있는
물리적 공간 자체보다
그 공간에서 보내는 시간을
어떤 마음으로 보내느냐가
더 중요합니다.

인재를 잘 활용한다고 평가한다. 나는 결코 그렇게 생각하지 않지만 한 가지 짚이는 점이 있다. 내 눈에는 모든 직원이 나보다 위대한 사람으로 느껴진다는 것이다. 겉으로는 직원들을 꾸짖을 때가 많았지만 속으로는 늘 상대방이 나보다 위대하다고 생각했다."

타고난 약골이었지만 매사에 긍정적이었던 그는 "하늘이 가난을 주었기에 부지런함을 얻었고, 병약함을 내렸기에 건강의 소중함을 깨달았으며, 충분히 교육받지 못할 환경을 선사해 다른 모든 사람을 스승으로 삼게 했다"라고 자신의 인생을 돌이켜 보았던 깊이를 가진 사람이었습니다. 이렇듯 자신을 끝없이 낮추는 삶으로 신의 경지에 올랐다는 평가를 받은 기업인 마쓰시타가 본래적 의미에서 진정한 종교인이자 구도자라고 생각합니다.

밥벌이의 지겨움과 행복,
직장생활의 의미

● 　　　　　　소설가 김훈의 저서 『밥벌이의 지겨움』에는 다음과 같은 대목이 나옵니다.

밥벌이는 힘들다. 사람의 밥은 사람들 사이의 관계 속에서 굴러다니기 때문에 핸드폰이 없으면 안 되고, 일을 하지 않으면 안 된다. (…) 대체 왜 이것을 이토록 필사적으로 벌어야 하는가. 하지만 대책이 없다. 아무 도리가 없다. 그렇게 세상이 생겨 먹었기 때문이다. 그렇게 생겨 먹은 세상은 그 자체가 옳지도 않고 그르지도 않다.

먹지 않고도 살 수 있다면 삶은 달라질 수도 있지만, 불행히도 우리는 먹어야 삽니다. 이 자체는 옳지도 그르지도 않습니다. 그냥 세상이 그렇게 생겨 먹은 것입니다. 그리고 밥벌이는 누구에게나 지겹고 힘겹습니다.

하지만 밥벌이를 대하는 태도는 사람마다 다릅니다. 밥벌이로만 생각하는 사람은 평생 밥벌이만 하지만, 깨어 있고 성취하는 사람은 밥벌이를 통해 자신의 인생을 건져냅니다. 실제로 사람들은 밥을 버는 과정에서 변화하고 발전합니다. 밥벌이에서 얻은 경험과 지혜, 안목과 사람을 통해서 더 넓은 세상을 접하고, 그 속에서 자신의 가능성을 찾고 키워나갑니다. 평생을 밥벌이로만 생각하며 살아가는 사람은 일을 통해서 얻는 것이 없습니다. 그저 하루하루의 밥만 벌면서 인생을 흘려보내고 있을 뿐입니다.

돈 많은 부모를 만나 밥벌이 한 번 안 해보고 사는 사람은 편한 인생입니다. 그러나 이들은 세상을 모릅니다. 세상이 얼마나 냉정하고 치열한지, 그 냉정하고 치열한 세상을 사람들이 얼마나 진지하게 때로는 강한 유대감과 애정을 느끼면서 살고 있는지를 알 수 없습니다. 이들 '금수저'에게 편안한 하루하루는 있지만, 무기력한 삶이라고 생각합니다.

저는 자기 손으로 밥벌이하는 것을 큰 행복이라고 생각합니다. 그리고 젊은이들에게 밥벌이하는 것에 자부심을 가지라고 말하고 싶습니다. 많든 적든 자신이 벌어서 부모님을 모시고 처자식을 먹이고, 가족이라는 울타리를 유지하는 것은 '밥벌이의 즐거움'입니다.

또 밥벌이하면서 쌓는 경험으로 앞으로 더 큰 밥벌이도 꿈꾸어볼 수 있습니다. 제가 지금 쓰는 글들도 밥벌이를 하면서 경험하고 배운 것입니다.

보통 사람들은 직장생활과 행동반경이 제한적이고, 사회생활 역시 여러 요인에 의해 규정되고 구속당한다는 점에서 갇혀 있다는 느낌을 받기가 쉽습니다. 나름대로 반추해보면 이는 개인적 삶의 문제만이 아니라 인간의 삶 자체가 가진 측면이 강합니다.

인간이라면 누구나 태어난 지역과 환경, 자질에 따른 한계 조건을 가지게 마련이기 때문이고 인생은 본질적으로 고달픈 것입니다. 하지만 자신의 일터를 수도원으로 승화시키느냐, 감옥으로 전락시키느냐는 본인의 자유의지와 감사하는 마음에 달려 있다는 점에서 마쓰시타의 교훈을 되새기며 '밥벌이의 지겨움과 행복'을 생각해봅니다.

• • •

마쓰시타 고노스케는 큰 발자취를 남기고 '경영의 신'이라는 칭호를 얻었습니다. 그는 생전에 "감옥이라도 감사해 하면 수도원이 될 수 있다"라는 말을 즐겨 하곤 했습니다. 자신이 있는 공간에서 보내는 시간을 어떤 마음으로 무엇을 하면서 보내느냐가 더 중요한 것입니다. 자신의 일터를 수도원으로 승화시키느냐, 감옥으로 전락시키느냐는 본인의 자유의지와 감사하는 마음에 달려 있습니다.

뉴욕 양키스의 유니폼에
선수 이름을 새기지 않는 이유

한국 프로야구의
10구단 시대 개막

●   한국 프로야구는 제가 대학을 다니던 1982년 시작되었습니다. 원년에 OB 베어스가 우승하면서 여러 가지 진기록도 많이 나왔습니다. 투수 박철순의 기적 같은 22연승과 한국시리즈 김유동의 역전 만루홈런이 지금도 기억에 생생합니다.

프로야구 이전까지는 고등학교 야구가 빅게임이었습니다.

전국 고교야구대회인 봉황대기, 화랑대기 등에 출전한 팀 관련 기사가 연일 스포츠면을 장식하던 시절이었지만, 프로야구가 출범하면서 양상이 달라졌습니다. 지금 고교야구는 동문들의 잔치가 된 듯합니다.

메이저리그를 대표하는
뉴욕 양키스

•   야구는 역시 미국이 원조입니다. 메이저리그MLB, Major League Baseball는 모두 30개 팀으로, 내셔널리그National League의 15개 팀과 아메리칸리그American League의 15개 팀으로 구성되어 있습니다. 캐나다의 토론토 블루제이스를 제외하고 모두 미국에 연고지를 두고 있습니다.

미국 메이저리그의 최고 명문팀은 자타 공인 뉴욕 양키스New York Yankees입니다. 뉴욕 양키스는 뉴욕을 연고지로 1901년에 창단되었습니다. 팀 명칭은 1902년까지 볼티모어 오리올스였다가 1903~1912년에 뉴욕 하이랜더스를 거쳐 1913년에 지금의 팀 명칭으로 바뀌었습니다. '양키스Yankees'라는 명칭은 '북부지방 사람들'이란 뜻으로, 본래 남북전쟁 당시 남군들이 북군을 낮추어 부르던 속어였습니다.

비슷한 사례로 본래 뉴욕에서 브루클린 다저스로 시작한 LA다저스가 있습니다. 뉴욕의 혼잡한 거리를 요리조리 피해 다니는 사람들을 얕잡아 부르던 '뺀질이들dodgers'을 팀 명칭으로 했습니다.

뉴욕 양키스는 월드시리즈에서 27회, 아메리칸리그에서 40회, 우승했습니다. 그다음으로 월드시리즈 우승을 많이 한 세인트 루이스 카디널스의 우승 횟수가 11번임을 감안하면 뉴욕 양키스의 성적은 기록적인 수치입니다.

그뿐만 아니라 통산 714홈런을 친 베이브 루스, 2,130경기 연속 출장기록을 세운 타자 루 게릭, 56경기 연속안타 기록을 세운 조 디마지오, 통산 536홈런을 기록한 미키 맨틀, 메이저리그 역사상 최고의 포수로 꼽히는 요기 베라 등 뉴욕 양키스에는 메이저리그의 전설들이 즐비합니다.

양키스라는 팀은
왜 명품 중의 명품인가?

●   양키스는 강합니다. 이태리 구찌, 프랑스 샤넬과 같은 미국 프로야구의 명품입니다. 왜 강할까요? 고연봉으로 스타급 선수를 싹쓸이하는 자금력 때문일까요? 다른 팀에서 양키스보다 높은 연봉으로 인기 선수를 영입해도 양키스에 못 미치는 걸 보면 돈 때문만은 아닙니다. 명품에는 반드시 전통이 존재합니다. 양키스도 그렇습니다. 양키스의 전통은 개인보다 팀워크, 철저한 규율, 불굴의 투지로 미국의

정신을 표상하고 있습니다.

미국 프로야구에서 유니폼에 등번호를 처음 붙인 것이 양키스입니다. 양키스는 선수 등번호 외에 선수 이름을 새기지 않습니다. 세계 최고 연봉의 스타 선수들이 달랑 번호만 붙이고 있습니다.

양키스의 전통은 선수들 한 명 한 명이 뛰어난 선수이기 이전에 모두 똑같은 양키스 팀의 일원이라고 봅니다. 수염도 긴 머리도 용납하지 않습니다. 수염과 긴 머리를 트레이드마크로 다른 팀에서 활약하던 선수들도, 양키스 유니폼을 입는 순간 수염을 깎고 머리카락을 짧게 잘라야 합니다. 유니폼 단추도 풀 수 없는 엄격한 규정에 대한 어쭙잖은 일탈에는 그야말로 국물도 없습니다. 단정한 용모와 예의바른 몸가짐이 바로 양키스의 상징입니다. 단순한 스포츠 팀이 아니라 미국 정신의 표상으로 인정받는 양키스 브랜드는 "양키스는 승리한다. 우승한다. 감동을 주고 사랑을 받는다. 또 돈을 번다"로 압축할 수 있습니다.

메이저리거가 되는 것은 전 세계 야구선수들의 꿈입니다. 나아가 뉴욕 양키스의 유니폼을 입는 것은 또 다른 차원의 의미가 있습니다. "양키스에는 패배를 허락하지 않는 공기가 있다. 그런 팀이 날 원하는데 거절할 이유가 없다." 메이저리그 역대 두 번째로 리그 최우수선수MVP와 신인왕을 동시에 차지했고, 올스타에 10번이나 뽑혔던 일본 출신 강타자 스즈키 이치로의 말입니다. 2010년 뉴욕 양키스로 이적한 코리안 특급 박찬호 선수도 다른 팀에서 제시한 연봉보다 낮은 금액으로 계약했습니다.

양키스의 전통을 확립한
조지 스타인브레너

● "내게 승리는 숨 쉬는 것 다음으로 중요하다. 숨 쉬고 있다면 승리해야 한다Winning is the most important thing in my life, after breathing. Breathing first, winning next."

이 말의 주인공은 오직 승리만을 위해 살다가 2010년 7월 타계한 조지 스타인브레너 전 뉴욕 양키스 구단주입니다. '보스The boss'라는 애칭으로 더 유명한 그는 강력한 카리스마로 양키스를 35년간 경영하며 양키스를 메이저리그의 최고 구단 차원을 넘어서 현대 프로스포츠의 아이콘으로 만들었습니다.

그는 1973년 성적 부진과 관중 감소로 만성 적자에 시달리던 양키스를 CBS 방송국으로부터 1천만 달러라는 헐값에 사들였습니다. 1973년 스타인브레너가 인수할 당시 양키스는 과거의 영광만을 추억하는 하위권 팀이었지만, 4년 만에 1977~1978년 월드시리즈를 2연속 제패하며 부활합니다.

미국 경제전문지 〈포브스〉는 2019년 기준 양키스의 가치를 46억 달러로 평가했으니, 그동안 460배 이상 가치가 늘어난 셈입니다. 양키스는 미국 전체 프로스포츠 구단 중 22년 연속으로 최고 가치를 인정받고 있습니다.

만성 적자에 빠졌을 당시에 양키스를 인수한 스타인브레너는 전통의 명문을 다시 일으키는 가장 빠른 방법은 스타 선수를 통해 관중석을 가득 메우는 거라고 생각했습니다. 스타인브레너가 선수를 평가하는 기준은 단 한 가지였습니다. 바로 '저 선수가 관중석을 얼마나 채울 수 있을 것인가'였습니다. 그리고 단순한 경기력과 성적 이상의 가치를 불어넣어야 소위 명품이 된다고 판단했습니다.

스타인브레너는 그 자신이 누구보다도 열정적인 양키스의 팬이었습니다. 그는 양키스라는 최고 구단에 몸담은 사람들은 그에 걸맞은 최고의 자세, 태도, 예절을 지녀야 한다며 선수들의 외모와 복장까지 세세하게 간섭하고, 긴 머리와 수염을 금지했습니다. "교도소도 이보다는 자유로울 것"이라며 일부 선수들이 반항했지만 "머리를 기를 거면 구단에서 나가라"며 꿈쩍도 하지 않았습니다. 양키스에서 일하는 모든 사람은 물론 팬들까지 최고의 역사와 성적을 지닌 구단의 일원이라는 자부심을 지녀야 한다는 스타인브레너의 지론이었습니다.

명품에는 이유가 있습니다. 명품은 제품의 품질과 가격이라는 유형적 차원을 뛰어넘는 무형적 가치와 정신이 브랜드에 깃들어 있습니다. 양키스는 명품입니다. 단순히 게임에 이기고 우승하기 때문이 아니라 양키스는 전통의 가치로 미국인의 꿈과 정신을 상징하는 프로스포츠 팀이 되었습니다. 연봉 수 백억 원을 받는 양키스의 월드스타들이 유니폼에 번호만 붙이 고 이름을 새기지 않는 이유가 바로 여기에 있습니다.

● ● ●

양키스는 미국 프로야구의 명품입니다. 명품에는 전통이 존재합니 다. 양키스의 전통은 개인보다 팀워크, 철저한 규율, 불굴의 투지 로 미국의 정신을 표상하고 있습니다. 단순히 게임에 이기고 우승 하기 때문이 아니라 양키스는 전통의 가치로 미국인의 꿈과 정신을 상징하는 프로스포츠 팀이 되었습니다. 양키스의 월드스타들이 유 니폼에 이름을 새기지 않는 이유가 바로 여기에 있습니다.

명품에는 이유가 있습니다.
명품은 제품의 품질과 가격이라는
유형적 차원을 뛰어넘는
무형적 가치와 정신이
브랜드에 깃들어 있습니다.

100세 시대,
100년 기업의 비밀

평균 수명 100세 시대에도
기업 수명은 30년 내외

●   때때로 시간은 그 자체로 의미를 가집
니다. 비록 단순한 행동일지라도 반복되면서 시간이 흐르면
개인에게는 습관이 되고 집단에는 관습이 됩니다. 습관이 쌓
이면 본능이 되고 관습이 축적되면 전통으로 발전합니다.

생명을 가진 유기체에게 시간은 더욱 큰 의미를 가집니다.
주어진 수명이라는 한계 조건에서 성장해 번식을 위한 유전자

를 퍼뜨리는 도전적 상황에서 살아가야 합니다. 운이 나쁘거나 능력이 부족하면 성체로 자라지 못하거나 번식의 조건을 충족시키지 못하고 생을 마감합니다.

사람에게도 수명이 있습니다. 일반적으로 자연 수명은 태어나서 성년으로 자라나 결혼해 낳은 자녀가 다시 성년이 되기까지의 기간입니다. 18세 전후로 생물학적 성년이 되니 대략 40세 전후가 자연 수명이고, 60세는 손자손녀가 성년이 되는 나이로 축복받은 장수입니다. 20세기에 식량 문제가 해결되고 의료가 발달하면서 평균 수명은 80세가 넘었고 100세 시대가 눈앞입니다. 그러나 여러 가지 요인으로 평균 수명을 살기가 쉽지 않습니다.

한 사람이 100세를 살았다면 3가지 기본 조건이 충족되어야 합니다. 선천적으로 건강한 유전자를 가지고 태어나서, 건전한 생활습관을 유지하고, 전쟁과 재해 등의 불운을 맞지 않는 것입니다. 아무리 건강한 유전자라도 수십 년간의 과도한 음주와 흡연을 견디기는 어렵고, 홍수와 산불 등의 재해에는 속수무책이기 때문입니다. 따라서 인간의 장수는 그 자체로도 의미가 있습니다.

일종의 유기체적 성격을 띠는 기업에게도 수명이 있습니다. 태어나고 성장해 활동하다가 소멸되는 흥망성쇠의 과정을 거치는 기업의 수명은 대략 30~40년입니다. 미국의 경제지 〈포춘〉이 선정한 미국 상위 500대 기업의 평균 수명은 40년이었고, 일본 메이지 유신 이후 100대 기업에 오른 회사들의 평균 수명이 대략 30년입니다. 우리나라 상장기업의 평균 수명도 30년 내외입니다.

글로벌 대기업의 장수는
위기관리 능력

●   기업 수명 30년은 사람으로 치면 한 세대 정도의 기간으로, 창업자의 활동기와 비슷합니다. 젊은 시절 새로운 가능성을 보고 사업을 시작해 은퇴하는 나이가 되면 기업도 은퇴하는 셈입니다.

사람과 달리 기업은 다음 세대를 통해 생명을 이어나갈 수 있습니다. 그러나 고객과 시장의 변화를 따라가고, 다음 세대를 육성하는 일이 쉽지는 않습니다. 이런 맥락에서 100년 이상 장수기업, 특히 자영업과 중소기업의 범위를 넘어선 글로벌 대기업들의 장수는 특별합니다.

100년 역사를 자랑하는 글로벌 대기업들의 국적은 대부분 미국, 영국, 독일, 프랑스, 일본입니다. 기타 국적을 가진 기업의 연륜은 길지 않습니다. 독일의 지멘스(1847), 벤츠(1886), 보쉬(1886), 프랑스의 푸조(1896), 르노(1899), 일본의 미쓰비시(1871), 미쓰이(1876), 도요타(1902) 등은 20세기 전반기 두 차례의 세계대전에서 소속 국가가 패전하고 산업기반이 붕괴

되는 최악의 위기를 겪으면서 살아남았습니다. 승전국이었던 미국과 영국은 본토에서 적국의 지상군과 전투를 벌이지는 않았지만 기업 경영은 원재료 조달 및 군수품 생산 등으로 직접적 영향권에 있었습니다. 전쟁 이후에도 냉전, 국지적 분쟁, 오일쇼크 등의 어려움을 헤쳐 나온 글로벌 장수기업들은 극단적 상황에서도 사업기반을 유지했다는 공통점을 가지고 있습니다.

1,441년 역사의 기업 곤고구미, 1,300년 역사의 일본 료칸

● 　　　　역사상 최고령 기업은 일본의 곤고구미金剛組로 578년 일본 쇼토쿠 태자의 부탁으로 사찰을 건축하기 위해 도일한 백제인 유중광곤고 시게미쓰이 창설했습니다. 건국신화 수준의 오랜 역사를 가진 회사였지만 2006년 파산 후 다카마쓰 건설에 일부가 인수되면서 곤고 가문이 이어온 1,428년의 생명을 마감합니다. 일본 버블시기에 사찰 건축이라는 본업을 경시한 무리한 투자가 파산의 원인이었지만 명맥은 유지하고 있습니다.

이어서 705년에 세워진 온천여관 게이운칸慶雲館과 718년에 세워진 숙박업소 호시료칸法師旅館이 있습니다. 호시료칸은 지금까지 후손들이 이어져 내려오면서 명성을 유지하고 있습니다. 숙박업소가 아닌 문화재 수준이면서도 철저하게 고객을 위하는 정신을 유지하며 지금도 환갑, 회갑, 돌잔치 등 가족 행사 장소로 사랑받고 있습니다.

독일에서는 768년에 와인제조사 슐러스 요하니스베르그가 설립되었습니다. 프랑스에서 1000년 전후에 시작된 와인제조 회사 샤토 드 굴랭, 1304년에 순례자 숙소로 시작된 독일의 호텔업체 필그림하우스, 영국에 1541년 세워진 모직회사 존 브룩, 네덜란드에 1554년 설립된 비누회사 데베르 굴데한트, 핀란드에서 1649년 시작된 가위제조회사 피스카스가 대표적인 국가별 장수기업입니다.

일본에서는 대대로 가업을 이어와 창업한 지 100년이 넘은 기업을 흔히 '시니세老舗'라고 지칭합니다. 이 중에는 오랜 역사만 가진 작은 가게 수준이 아니라 기코망, 미쓰이, 스미토모, 신일본제철, 아사히글라스 등 세계 시장에서 활약하는 글로벌 기업들도 적지 않습니다.

이러한 기업들은 단순한 과거사업 계승 차원을 넘어서, 시대 변화에 부응하는 혁신을 통해 사업 영역을 확장했기에 장수가 가능했습니다. 간장업체 기코망이 전통 발효기술을 응용해 반딧불 체내에서 생성되는 특수효소루시페라제를 인공생산해 개발한 미생물 검사장치가 미국항공우주국NASA의 화성탐사 우주선 검사에 사용된 것이 좋은 예입니다.

시간은 그 자체로 의미를 가집니다.
비록 단순한 행동일지라도
반복되면서 시간이 흐르면
개인에게는 습관이 되고
집단에는 관습이 됩니다.

우리나라 최고령 기업은
부채표 활명수의 동화약품

● 　　　　　우리나라의 현존 기업 중에서 설립된
지 100년이 넘은 기업은 3개입니다. 두산의 전신인 박승직상
점이 1896년 문을 열었습니다. 이어서 1897년 부채표 활명수
로 유명한 동화약품과 조흥은행도 설립되었습니다.

　박승직상점은 일제강점기 때 '박가분朴家粉'으로 명성을 떨쳤
는데 1945년에 문을 닫았다가 1년 뒤에 두산상사로 재출발합
니다. 이런 공백 때문에 동화약품의 연속성까지 감안해서 일
반적으로 동화약품을 최고령 기업으로 봅니다.

　동화약품의 활명수는 본래 궁중비방이었는데 대중화된 것
이죠. 활명수와 이명래 고약은 저의 어린 시절에 가정상비약
이었습니다. 가난한 시절의 비위생적 환경에서 피부가 곪는
경우가 많았기 때문입니다. 참고로 이명래 고약은 프랑스 선
교사인 드비즈 신부로부터 서양의 약학을 배운 이명래가 한방
약 제조법을 융합해 1906년에 제조한 신약 1호입니다.

　우리나라의 근대화는 19세기 후반 구한말 개화기 때부터 기
업이 시작되었습니다. 그렇지만 일제강점기를 거쳐 1945년 광
복과 1950년 6·25전쟁이 터지는 혼란 속에서 기업은 계속 유
지되기가 쉽지 않았습니다. 1953년 전쟁이 끝나고 1960년대
초반부터 본격화된 산업화 기간에 많은 기업들이 생겨났고,
현재 국내에서도 글로벌 대기업들이 출현했습니다.

장수기업의 비결은
무엇일까?

•   개인의 무병장수가 우수한 유전자와
좋은 습관에서 비롯되듯이 장수기업들도 우수한 문화와 좋은
관행의 산물입니다. 창업자에서 비롯된 신념체계, 능력을 중
시하는 조직문화, 핵심사업의 전통을 유지하되 혁신을 지속하
는 균형감각이 기초체력으로 작용합니다. 진화생물학자 리처
드 도킨스가 『이기적인 유전자』에서 처음 사용한 용어로 문화
적 유전자인 밈meme이 전승되고 있는 것입니다.

서양의 장수기업을 연구한 캐나다 앨버타대학교의 대니 밀
러 교수는 장수 비결을 4개의 'C'로 정리했습니다. 비전을 꾸
준히 추구하는 연속성Continuity, 구성원들을 통합하는 공동
체 의식Community, 고객-사업 파트너-사회 간의 가치공유
Connection, 결단력 있고 혁신을 지속하는 리더십Command입니
다. 장수기업의 핵심요인은 100년 단골, 100년 동반자, 100년
리더십에 기반하고 있습니다.

일본은 특히 장수기업 연구가 활발합니다. 일본의 장수기업
은 거래처와 고객의 신뢰를 가장 중요시합니다. 또한 대다수
가 가격이 아니라 독자기술이나 비즈니스 모델로 승부하고,
과분하게 욕심을 부리지 않으면서 장인정신으로 무장해 본업
에 충실합니다.

또한 혈족보다 기업 승계를 우선시하는 것이 특징입니다.

아들이 있더라도 경영자로서 자질이 부족하다고 판단되면, 내부의 능력 있는 직원이나 외부 인재를 양자로 입적시켜 후계자로 삼아서, 피가 아니라 업이 이어지게 하는 일본 특유의 문화가 중요한 배경입니다.

생명체의 본능이 '생존과 번식'이듯이 조직의 본질도 '생존과 확장'에 있습니다. 개체가 환경에 적응해 생존하고 후대의 번성을 도모하는 것처럼 국가나 기업 등도 환경에 적응하고 활동 영역을 확장시켜 조직의 지속성을 확보하는 것이 기본적 목표 함수입니다.

"강한 자가 살아남는 것이 아니라 살아남는 자가 강한 자다"라는 독일 시인 베르톨트 브레히트의 명언처럼, 개인이든 기업이든 오랫동안 존재하는 것은 이유가 있습니다. 100년의 근대 기업 역사, 50년의 본격적인 산업화 역사를 가진 우리나라의 기업들이 오랜 역사의 도전을 이겨내고 살아남아 번영하는 앞선 나라들의 장수기업의 장수 유전자에 대해 관심을 가지기 시작하는 이유입니다.

• • •

기업의 수명은 30~40년입니다. 급변하는 환경 속에 생존의 어려움이 가중되면서 장수기업에 대한 관심도 높아지고 있습니다. 장수기업들은 과거사업의 계승 차원을 넘어서 시대변화에 부응하는 혁신을 통해 사업 영역을 확장하기 때문에 오랫동안 생존합니다. 개인의 무병장수가 우수한 유전자와 좋은 습관에서 비롯되듯이 장수 기업들도 우수한 문화와 좋은 관행의 산물입니다.

인문학 트렌드,
그리고 시장경제의 본질

**인문학 트렌드,
문사철의 유행**

●   인문학 열풍입니다. 유행처럼 번졌던 재테크 관련 서적이나 치유와 공감을 내세운 힐링을 지나, 이제는 인문학이 출판시장에서 중요한 역할을 합니다. 소위 문사철文史哲의 유행으로 통상적인 경영이나 자기계발 분야의 책들도 인문학이라는 옷을 입혀야 기본은 팔린다고 합니다.

개인적으로 저는 인문학을 좋아합니다. 여가시간에 틈틈이 인문학 서적을 읽고 생각하다 보니 제 생각을 부족하나마 몇 권의 책으로 묶어내기도 했었습니다. 인문학이라는 창문을 통해 개인적 삶에 대해 성찰하고 사회와 조직의 본질에 대해 생각을 정리하며, 역사를 읽으면서 모듬살이를 긴 호흡의 순환으로 이해합니다.

인문학을 통해 저는 개인적 삶과 사회가 시대에 따라 표면적 양상은 계속해서 변하지만 본질적으로는 동일하다는 점을 많이 느낍니다. 21세기의 우리는 스마트폰을 사용하고 비행기를 타지만 동시에 아주 오래전에 쓰인 『성경』이나 『불경』, 『논어』를 읽고 공감합니다. 이는 예나 지금이나 삶의 본질이 동일하기 때문입니다.

개인적으로 가장 탁월하다고 느낀 리더십 서적은 나콜로 마키아벨리의 『군주론』이었고, 체계적인 조직론의 교과서는 시오노 나나미의 『로마인 이야기』였습니다. 기업전략의 본질에 대한 통찰은 칼 세이건의 『에덴의 용』과 리처드 도킨스의 『이기적 유전자』에서 얻었습니다.

생존에서 행복한 삶으로의
자연스러운 관심 이동

● 　　　　　CEO 인문학 과정에서 CEO들이 고액의 수업료를 내고 해외 현지답사를 다니기도 합니다. 이런 점

에서 일각에서는 인문학이 일부 귀족층의 교양강좌로 전락하고 있으며, 정작 대학 내 인문학과는 통폐합되는 사막화가 진행되고 있다고 지적합니다. 일견 그럴듯하지만 본질은 다른 데 있다고 생각합니다.

1997년 IMF 구제금융 이후 우리나라 기업들의 경영방식도 많이 변했고, 기업인들도 혁신·기업문화·마케팅 리더십 등 새로운 흐름을 적극적으로 받아들였습니다. 이후 다양한 경로로 경영에 관련된 지식을 접한 결과 지금은 대부분 직장인들의 사고 범위도 넓어졌습니다.

이러한 상황에서 창의력·융복합·플랫폼 등이 화두가 되는 디지털 시대로 접어들었습니다. 기업인들 역시 경영 관련 지식을 얻던 기존의 분야에서 벗어나 역사·철학·문화·예술을 직접 접하면서 새로운 지식과 접근방식에 대한 아이디어를 얻는 것은 자연스러운 흐름입니다. 과거 빈곤한 시절에는 당장 먹고사는 문제가 급했습니다. 하지만 국민소득이 3만 달러 수준으로 오르고 기본 생활이 충족되면서 인문학에 대한 관심이 높아지는 것도 당연합니다.

서양의 경우 창업 2~3세대까지는 기업을 물려받아 경영하는 데 관심이 있습니다. 하지만 4세대부터는 대주주로 권한을 행사하는 정도이고, 기업 경영이 아닌 고고학·인류학·역사학 등 인문학과 음악·미술 등 예술 분야에 관심을 가지고 직업으로 삼는 일이 점차 많아지는 흐름을 유지해왔습니다.

시장경제의 부정이
인문학이 아니다

• 　　　　　　　인문학은 정의하기가 어렵습니다. 정
치학이 정치학자의 수만큼 존재한다면 인문학은 인문학자의
수보다 더 많이 존재한다는 농담도 있을 정도입니다. 어떤 생
각이든 자유이지만, 최근 힐링과 감정을 테마로 내세운 소위
인문학 전문가들이 시장경제와 자본주의를 문제덩어리로 간
주하고, 인문학은 이러한 시스템을 벗어나 진정한 삶을 탐구
하는 길을 찾는 것이라는 주장은 경계해야 한다고 봅니다. 시
장과 인간의 관계를 성찰하고 부작용의 최소화를 고민하는
수준이라면 그나마 납득할 수도 있지만, 시장경제 자체를 부
정하는 것은 무지와 편견의 소산입니다.

시장경제는 경쟁이고 경쟁은 나쁜 것이니 인간이 개입해야
한다는 단선적 논리는 관념적 허상입니다. 이들이 흔히 상상
하듯이 경쟁 없이 서로 협력하며 각자의 능력에 따라 생산하
고, 필요에 따라 소비하면서 모두 행복하게 살아가는 세상은
현실적으로 불가능합니다.

시장경제의 현상은 경쟁으로 나타나지만 본질은 선택의 확
장입니다. 시장 참가자들의 경쟁을 통해서 혁신이 일어나고
소비자들의 선택 범위는 확장됩니다. 물론 불가능한 이상을
추구하는 것도 각 개인과 집단의 선택이기 때문에 긍정적이든
부정적이든 그 결과를 받아들이면 그만입니다.

다만 현실의 세계에서 기대 가능한 수준은 각자의 특성에 맞는 차별적 능력을 개발해 시장에서 공정한 경쟁을 통해 가치를 인정받은 만큼 소비하고 살아가는 것임을 알아둘 필요는 있습니다. "경쟁은 거지같지만 경쟁이 없으면 거지같이 살게 된다"라는 역설은 인류의 역사를 관통해온 자연법칙입니다.

시장경제의 본질은
상호이익과 공생

●   시장경제는 인류의 경제활동이 시작된 이래 존재해왔습니다. 물물교환도 시장이고, 화폐경제도 시장입니다. 시장이 성립되는 이유는 분업과 교환을 통해 경제적 가치가 증대되기 때문이고, 결과적으로 삶이 풍요로워지기 때문입니다. 시장의 교환은 자연 발생적이고 개방적이며, 가치의 이동을 전제로 합니다.

오히려 폐해는 시장을 인위적으로 규제하려는 인간에서 기인합니다. 그토록 시장경제를 저주하고 없애버리려 했던 20세기 공산주의는 자체 모순으로 소멸했고, 심지어 수령독재의 북한에서도 시장인 '장마당'이 자생적으로 생겨나서 닫힌 체제의 숨통을 틔우고 있습니다. 시장경제는 비록 완벽하지는 않을지라도 현실적으로 선택할 수 있는 최선입니다.

시장과 인간의 관계를 성찰하고
부작용을 고민하는 것이 아닌
시장경제 자체를 부정하는 것은
무지와 편견의 소산입니다.

시장은 공평하고 자비롭습니다. 소비자는 가격과 품질이 적정하고 필요하면 구입합니다. 가치를 가진 상품을 공급하는 누구나 판매의 기회를 가질 수 있고, 인종이나 성별, 출신이 다르다고 해서 생산자와 소비자를 차별하지 않습니다. 차별적 요소는 시장이 제대로 작동하지 않도록 규제를 가하는 인간들이 만들어낸 것입니다.

물론 시장에서 갑을관계의 우월적 지위를 남용하는 경우가 이따금 있습니다. 시장의 거래관계를 개체 간의 권력관계로 변환하는 이러한 시도는 단기적으로는 통할지 몰라도 장기적으로는 갑을관계의 이탈이나 경쟁력이 떨어진 상품에 대한 소비자의 이탈로 귀결되고 맙니다.

그래서 올바로 작동하는 시장에서는 권력 확대를 위한 경쟁이 아니라 혁신의 경쟁이 일어납니다. 누구든 시장에서 선택받기 위한 기술과 혁신의 경쟁을 통해 새로운 가치를 창출하면 소비자의 선택을 받습니다.

여성해방의 근본적 동력은
시장경제와 기술 발전

●   전 세계적으로 여성이 남성과 동등한 권리를 가진 존재로 인정받기 시작한 것은 불과 100여 년 전부터입니다. 뉴질랜드가 1893년 세계 최초로 여성의 참정권을

인정한 후 미국이 1920년, 영국이 1928년, 일본이 1945년, 프랑스가 1946년에 여성에게 참정권을 주었습니다. 우리나라는 1948년 대한민국을 수립하는 제헌헌법에서 여성의 참정권을 인정했습니다. 스위스 여성들의 투표권 행사는 1971년에야 비로소 시작되었습니다. 아직도 일부 아랍국가에서는 여성의 정치 참가는 물론 차량 운전도 금지되어 있습니다.

전통적 의미의 공동체 안에서 남성의 기본 역할은 전쟁과 사냥, 여성은 임신·출산과 육아로 나뉘어졌습니다. 이는 신체 조건에 따른 자연스러운 분업이었습니다. 사회관계의 변화는 근본적으로 기술 변화에서 시작됩니다.

여성의 사회적 지위 변화는 기계의 발명이 핵심입니다. 여성의 육체적 능력은 남성의 80% 정도입니다. 예를 들어 창과 칼을 쓰는 전쟁에서 여성은 남성을 이길 수 없습니다. 그러나 총을 쓰면 이야기가 달라집니다. 아무리 연약한 여자라도 정확하게 쏜 총 한 방이면 천하장사를 죽일 수 있습니다. 18세기 들어 실용적인 증기기관이 발명되면서 육체적 힘보다는 기계를 만들고 움직이는 지적 능력이 중요해졌습니다. 또한 20세기 중반에 보급된 피임약은 여성들로 하여금 임신과 출산을 통제할 수 있게 했습니다.

기술 발전이 여건을 형성한 상황에서 전쟁은 여권신장의 사회적 계기가 되었습니다. 제1·2차 세계대전에서 남자들이 전쟁터로 떠나고, 여성들은 후방에서 산업시설을 가동했습니다.

이 과정에서 여성들은 자신의 능력을 확인하고 자신의 권리에 눈을 떴습니다.

당연히 여성들은 성차별 철폐를 위한 운동을 벌였습니다. 미국에서 1848년에 뉴욕주 세니커폴스에서 세계 최초의 여성권리집회가 열렸고, 영국 여성들은 1903년 여성사회정치연합 WSPU을 결성해서 우체통에 불을 지르고 공공건물의 유리창을 깨거나, 심지어 반대 입장의 정치인을 습격할 정도로 과격한 운동을 벌였습니다.

여권신장을 위한 이런 방식의 페미니스트 운동이 큰 역할을 한 건 사실이지만, 남성 대 여성의 역학관계 변화의 근본 원인은 기술의 발달과 시장의 확대에서 비롯되었습니다. 시장이 발달한다는 것은 여성이건 남성이건 상관없이 좋은 제품을 낮은 가격으로 만들어서 시장에 내놓으면 누구나 성공할 수 있다는 의미입니다.

멀리 갈 필요도 없이 우리 생활에서 실감하는 부분도 있는데 바로 여성의 운전입니다. 30년 전만 해도 대형 트럭을 여성이 운전하는 것은 거의 불가능했습니다. 오로지 팔 힘으로 핸들을 돌려야 했는데, 여성은 트럭 핸들을 조작하기가 어려웠기 때문입니다. 그래서 옛날 영화에 나오는 트럭 기사들은 예외 없이 우람한 체격의 남자들이었습니다.

하지만 유압식 핸들이 장착되면서 대형 트레일러도 여성이 한 손으로 손쉽게 움직일 수 있게 되었습니다. 제가 20여 년 전에 처음 산 차가 기아자동차의 프라이드였는데, 차가 정지해 있으면 저도 온 힘을 다해야 핸들을 돌릴 수 있었습니다. 하지만 이제는 남녀 누구나 핸들에 힘들이지 않고 운전하게 되었습니다. 이 역시 기술 발전이 가져온 결과입니다.

이런 현상은 컴퓨터 기술 발달이 가져온 정보화 산업시대에 들어서면서 더욱 강력해졌습니다. 남성적 특징보다 감성과 이미지를 중시하는 여성적 특징이 경쟁력을 갖게 된 것입니다. 우리나라에서 급격히 여성의 사회진출과 지위 향상이 이루어진 것은 산업화와 정보화가 동시에 진행되었기 때문입니다.

인간의 문명과 함께
경영과 경영자가 있었다

● 피터 드러커를 20세기 현대 경영학의 창시자라고 합니다. 그는 젊은 시절부터 역사학·정치학·철학·심리학 등을 독파했고 사회과학으로서의 경영학을 정립한 대가입니다.

사실 경영학은 인문학에 비하면 태동한 지 얼마 되지 않은 학문입니다. 경영학의 역사는 100년 남짓인 반면, 인문학의 역사는 수천 년 전으로 거슬러 올라갑니다. 하지만 현대 경영학이 성립하기 이전에도 경영은 존재했습니다. 인간의 문명과 함께 인문이 있었다면, 마찬가지로 경영도 함께 존재했다는 의미입니다.

이집트의 피라미드는 5천여 년 전에 지어졌습니다. 예전에는 죄수나 노예를 동원해서 지었다고 여겼지만, 최근 신민들을 동원해 노임과 대가를 지급하고 숙식을 제공하면서 피라미드를 건축한 사실이 밝혀졌습니다. 재정에서 측량·설계·채석·시공·감리에 이르는 전 과정을 감독하는 서기는 이집트의 고도로 발달된 관리 시스템에서 양성되고 선발되었습니다. 바로 서기가 오늘날 경영자에 해당합니다.

당시 농업이 발달한 메소포타미아 지역은 잉여 농산물을 주변의 터키·아프가니스탄 등지에 팔고 금속을 사는 교역이 활발했습니다. 초기 수메르에서 바빌로니아, 아시리아에 이르기까지 교역 규모가 커지고 조직이 복잡해졌습니다. 4천 년 전 아시리아의 푸슈켄 가문이 각 거점에 직원을 고용하고 경영을 맡겼다는 기록이 남아 있을 정도입니다. 당시 성립된 유대인의 경전인 『탈무드』의 대표적인 격언인 "자신의 힘으로 생활할 수 있는 자는 하늘을 두려워하는 종교인보다 위대하다"는 오늘날 시장경제의 기본 정신과 맞닿아 있습니다.

통상교역이 활발했던 그리스·카르타고·로마에서는 다양한 상인들이 활동했습니다. '암흑시대'라고 불리는 중세에는 수도원이 종합상사의 역할을 맡았습니다. 시장경제의 첨병 역할을 했다고 볼 수 있습니다. 8~12세기 프랑스의 클뤼니 수도원, 시토 수도원과 이탈리아의 베네딕트 수도원은 지금으로

올바로 작동하는 시장에서는
권력 확대를 위한 경쟁이 아니라
혁신의 경쟁이 일어납니다.

치면 다국적 기업이었습니다. 수도원장이 최고경영자였고, 지방 분원장이 지사장, 수도사는 직원의 역할을 수행하는 구조였습니다. 당시에도 수지가 맞지 않는 지방 수도원은 자산을 매각하고 폐쇄하는 사례가 빈번하게 발생했습니다.

5천 년 전에도 교역이 이루어지는 시장이 있었고, 상업조직을 체계적으로 관리하는 경영자가 있었습니다. 종교 우위의 서양 중세에도 수도원이 상업조직의 역할을 겸하고 있었고, 시장은 존재했습니다. 고대 청동기 시대부터 현대 자본주의 시대에 이르기까지 서기·율법사·성직자·수도사·군인·상인·과학자 등 외양은 다양했지만 이들 모두가 경영자였습니다.

올바른 인문적 소양에 근거한
전문가이어야 한다

●   요즘은 못 먹어서라기보다는 많이 먹어서 문제인 경우가 훨씬 많습니다. 콘텐츠도 없어서가 아니라 지나치게 많아서 문제입니다. 나름대로 가려서 소화할 수 있는 자신의 관점을 가지지 못하면 정보의 홍수 속에 떠도는 얄팍한 지식에 휘둘리기 십상입니다. 인문학도 마찬가지입니다.

그러나 하도 많은 콘텐츠가 쏟아지다 보니 옥석구분이 쉽지 않습니다. 저는 자기계발서와 리더십 관련 책은 일단 색안경을 끼고 봅니다. 물론 이 분야에도 나름 고전이라고 할 수 있는 좋은 책들이 있습니다만, 막연한 원론적 이야기들을 그럴 듯한 사례로 포장해서 내놓는 경우가 허다합니다. 부족한 대로 자신의 체험이라도 솔직하게 뒷받침되고 있다면 내용과 상관없이 인정해주겠는데, 경험하지 못한 것을 그럴듯하게 포장만 하다 보니 원론적인 공자나 맹자 말씀만 반복하는 경우가 비일비재합니다.

자기계발서라면 으레 "열정을 가져라", "긍정적으로 사고하라", "세상을 적극적으로 대하라", "좋은 사람들을 많이 알아야 한다" 등의 내용이고, 리더십에서는 "덕목을 쌓아라", "소통을 잘하라", "이해심을 길러라" 등의 유형들입니다. 물론 맞는 말입니다만, 계속되는 동어반복은 공허한 메아리로 느껴집니다. 특히 군대나 직장생활 등을 제대로 해본 경험도 없이 자기계발이나 리더십을 이야기하면서 본질은 놓치고 현란한 수사로 변죽만 울리는 경우가 허다합니다.

최근 사회 분위기는 시장을 부정하고 기업에 사회적 부채의식을 강요하지만, 기실 사회적 가치를 창출하고 인간에게 필요한 기본적인 행복한 삶의 조건을 만들어주는 것은 시장과 기업입니다. 최근의 인문학 열풍도 혁신으로 세상을 바꾼 기업가인 스티브 잡스에서 비롯되었습니다. 2011년 3월 '아이패드 2'의 발표회장에서 "사람들의 가슴을 두근거리게 만드는 애플의 DNA는 기술technology을 자유교양liberal arts 및 인문학humanities과 결합시키는 데 있다"는 발표가 진원지였습니다.

영국의 철학자 버트런드 러셀은 "어떤 체제나 사상의 형성은 이론가의 손에서 나오는 것이 아니라 갈등하는 현실 속에서 실제로 행동하는 사람의 손에서 나온다"라고 갈파했습니다. 추상적 개념에 함몰된 인문학 전문가가 아니라 현실의 기업에서 활동하는 직업인들이 사회발전의 원동력임을 자각할 필요가 있습니다.

• • •

저는 인문학을 통해 많은 것을 배우고 느낍니다. 하지만 최근 일단의 대중적 인문 강연자들이 시장경제와 자본주의를 문제덩어리로 간주하고 이러한 시스템을 벗어나 진정한 삶을 찾는 길을 찾는 것이 인문학이라고 주장하는 건 위험하다고 봅니다. 시장과 인간의 관계를 성찰하고 부작용의 최소화를 고민하는 수준이라면 그나마 납득할 수도 있지만, 시장경제 자체를 부정하는 것은 무지와 편견의 소산입니다.

삶이란 결국 직간접적으로 다양한 사람들을 만나고 교류하면서 성장하는 과정의 연속입니다. 누구를 만나서 무엇을 보고 느끼느냐에 따라 사고방식과 인생관이 달라집니다. 좋은 사람을 만나고 좋은 영향을 받으면 사고의 범위가 넓어지고 삶이 더욱 풍요로워집니다. 특히 세계관의 얼개가 형성되는 청소년기와 30대 이후 간간이 찾아오는 인생의 분기점에서 만나는 사람들과 접하는 사고방식이 중요합니다.

PART 2

모든 통찰은
사람에서 시작된다

엄홍길 대장의 원정에서
느낀 프로세스의 힘

야외활동으로
등산이 좋은 이유

●   봄에는 가벼운 등산이 제격입니다. 개
인적으로 가장 좋아하는 야외활동이 가벼운 등산인지라, 피어
나는 꽃들을 즐길 수 있는 봄에 하는 등산을 좋아합니다. 등
산의 진국은 겨울이라는 사람들도 있습니다. 물론 겨울 새벽
에 찬바람을 맞으며 산을 오르면서 강한 생명력을 느끼는 것
도 좋지만 겨울 산행에 나서기 위해 준비하는 여러 가지 번거

로움과 겨울 산에 도사리고 있는 위험을 생각하면 역시 등산은 봄부터가 제철입니다.

산행은 우리나라 사람들이 가장 즐기는 야외활동입니다. 산행의 장점은 우선 돈이 들지 않는다는 점입니다. 전철이나 버스를 탈 교통비만 있으면 근교의 어느 산이든지 갈 수 있고, 간식거리부터 식사까지 등산로 주변에서 간단히 해결할 수 있습니다. 또 자신에게 맞추어 즐길 수 있습니다. 혼자서도 좋고 여러 명이어도 상관없습니다. 반면 골프나 테니스 등은 상대방이 있어야 하고, 실력도 어느 정도 맞아야 합니다.

산행에 우리나라만큼 좋은 여건은 없습니다. 세계 어디에나 산은 있지만, 우리나라만큼 친숙한 느낌을 주는 산은 드물다고 합니다. 아프리카에서 산은 정령이나 귀신, 또는 맹수들이 사는 곳이라 쉽게 접근할 수 없는 경외의 영역입니다. 서양에서 산은 높고 험해 단단히 채비를 해야 떠날 수 있는 곳입니다. 그에 반해 우리나라는 대도시에 살아도 주말에 가벼운 복장으로 근교 명산을 당일치기로 즐길 수 있는 좋은 여건을 가졌습니다.

흔히 '파라다이스'라고 표현하는 낙원은 아랍 지역에서 나무가 있고 물이 흐르는 오아시스의 이미지입니다. 과거 우리나라 기업들이 아랍 지역의 귀빈을 초대하면서, 고심 끝에 북한산 산행을 함께했더니 의외로 좋아해 비즈니스가 술술 풀렸다는 전설 같은 실화도 있습니다.

82

산악인 엄홍길 대장과의
특별한 인연

●   2015년 영화 〈히말라야〉가 개봉했습
니다. 주연배우 황정민이 연기한 산악인 엄홍길 대장의 이야
기로, 히말라야에서 숨진 동료 박무택 대장의 시신을 수습하
러 가는 내용입니다. 관객 775만 명을 기록하며 2019년 5월
기준 역대 국내흥행 40위에 올라있는 히트작입니다.

엄홍길 대장은 2000년 여름에 K2 등정으로 시작해 전 세계
의 8,000m 이상 고봉 14좌를 세계에서 8번째, 아시아에서는
최초로 오른 산악인입니다. 뒤이어 박영석 대장과 한왕용 대
장이 올랐습니다. 산악인들도 하나의 목표를 달성하면 다음
목표를 설정하고 추구합니다. 그래야 세상의 관심도 유지하
고, 자신의 영역도 넓혀나갈 수 있기 때문입니다.

박영석 대장은 이어서 7대륙 최고봉 완등, 남극점과 북극점
원정까지 성공해 세계 최초로 이른바 '산악 그랜드슬램'을 달
성합니다. 또한 한왕용 대장은 인간에게 오염된 히말라야를
청소하는 클린 등반 개념의 '친환경 등반'을 테마로 잡아 진행
했습니다.

엄홍길 대장은 8,000m 이상 공인된 봉우리 14개 외에 위성
봉이지만 독립봉의 성격이 짙은 얄룽캉(높이 8,505m)과 로체샤
르(높이 8,400m)를 오르는 세계 최초의 '14+2 프로젝트'를 추
진합니다. 얄룽캉은 2004년에 이미 올랐고, 로체샤르 등반을

●

산악인들도 하나의 목표를 달성하면
다음 목표를 설정하고 추구합니다.
그래야 세상의 관심도 유지하고,
자신의 영역도
넓혀나갈 수 있기 때문입니다.

추진하던 2005년에 저는 엄 대장과 만나게 되었습니다.

당시 〈이코노미스트〉에 있던 지인이 엄홍길 대장을 산악인의 관점이 아니라 리더십의 관점에서 조명한 연재물 기고를 제안해 진행하기로 한 것이었습니다. 이런저런 과정 끝에 10회에 걸쳐 연재되었는데, 반응이 좋아 이후 『엄홍길의 휴먼리더십』이란 책으로 출간했습니다. 연재 과정에서 엄 대장을 포함한 산악인들과 수차례 인터뷰를 했고, 저로서는 접하기 어려운 산악계의 다양한 경험과 지식을 접할 수 있었습니다.

또 이것이 인연이 되어 2006년 엄홍길 대장의 히말라야 쿰부히말의 로체샤르 원정대에 초대받아 베이스캠프까지 동행하는 기회를 얻었습니다. 난생 처음 세계적 산악인의 히말라야 원정대에 동참한 것입니다.

히말라야 원정에서의
힘들었던 기억들

● 2006년 3월 중순으로 출발 일정을 확정하고 준비에 들어갔습니다. 먼저 개인장비를 준비해야 했습니다. 등반대원 한 분을 소개받아 종로 5가에 있는 등산용품점에 갔습니다. 침낭은 가격이 비싸 등반대원의 예비품을 빌려 쓰기로 하고, 옷과 신발, 선글라스와 모자 등 꼭 필요한 것만 구입했는데도 수백만 원이었습니다.

당시만 해도 국내에 많이 알려지지 않았던 세계적으로 유명한 등산용품 브랜드를 접하게 되었습니다. 아웃도어 패션 붐이 일다 보니 이런저런 고가의 제품들이 많이 나옵니다만, 사실 우리나라 근교 산행에서는 별로 필요하지 않습니다. 지금은 이런 브랜드들을 북한산이나 청계산에서도 흔히 볼 수 있지만, 당시는 일반인들이 몰랐습니다. 불과 몇 년 사이에 우리나라 아웃도어 시장이 규모가 커지고 고급화되었음을 느끼면서, 새삼 마케팅의 위력을 실감합니다.

2006년 3월 중순 예정대로 네팔 카트만두로 출발했습니다. 카트만두는 인도 중소도시 분위기였습니다. 자동차와 오토바이에서 사용한 싸구려 연료로 인해 뿜어져 나오는 공해가 얼마나 심한지 길거리를 걸어 다닐 수 없을 정도였습니다.

카트만두를 떠나 히말라야 중턱에 있는 루쿨라까지 경비행기로 이동한 후 베이스캠프까지 등반을 위한 물자를 운반하는 카라반caravan이 시작되었습니다. 저를 제외하고는 모두 전문 산악인들인데, 이들의 일정을 따라가는 것이 무척이나 힘들었습니다. 뒤처지면 곧바로 귀국이기에 그야말로 젖 먹던 힘까지 짜내면서 겨우겨우 따라갔습니다.

중간에 고소증세도 경험하고, 그야말로 할 것 다해 가면서 당초 목표했던 5,000m 베이스캠프까지 갔다가 돌아왔습니다. 솔직히 고소증세가 너무 괴로워서 히말라야 고봉이나 자연의 신비 등은 사치였고, 그저 등반대에 민폐 끼치지 않고 따라갔다가 빨리 돌아오고 싶은 생각뿐이었습니다. 다행히 그럭저럭 일정을 소화하고 무사히 귀국했습니다.

세계적 산악인의
철두철미한 프로세스 관리

• 엄 대장의 원정에 동참하면서 산악인의 고산등반, 경영자의 사업 운영, 지휘관의 전투 수행은 모두 동일한 성격의 '프로젝트'라고 느꼈습니다. 계획을 세운 뒤 필요한 인원과 물자를 조달해서 현장에 투입하고, 결정적인 승부처에 자원을 집중해서 목표를 이루어내는 과정은 공통적이었습니다. 작전과 타이밍이 맞아야 성공할 수 있다는 점도 동일합니다. 단지 목표가 산악인은 정상 등정, 경영자는 사업 성공, 지휘관은 전투 승리라는 점이 다를 뿐입니다.

낮은 산은 혼자만의 체력과 의지로 오를 수 있지만 높은 산은 철저한 계획과 체계적인 접근방식 없이는 넘보지도 못합니다. 고산등반이란 대가를 바라지 않는 목숨을 건 도전이라는 측면에서는 일견 무모해 보이지만, 등반 과정 자체를 보면 주어진 환경에서 제한된 자원으로 목표를 달성하는 운영체계가 뒷받침된 치밀한 프로세스 관리입니다.

히말라야 원정에서 원정대원이 정상에 머무는 시간은 10분 내외입니다. 정상의 10분을 위해서 베이스캠프 생활을 3개월

가량 해야 하고, 베이스캠프로 떠나기 위한 준비 기간은 최소한 6개월 이상이 소요됩니다. 이처럼 히말라야의 고봉은 그냥 오르는 것이 아니라 오르기 위한 준비가 필요합니다. 짧은 성취의 순간을 위해서 기나긴 계획과 준비의 과정 관리가 선행되어야 하는 것입니다.

고산등반의 목표가 세워지면 행정·장비·식량·통신·의료·기록 등 각 분야에서 역할을 해줄 대원으로 팀을 구성합니다. 다음은 돈을 구하고 물품을 준비하는 일입니다. 3개월에 걸친 원정기간 동안 완전히 독립해서 생활하고 등반장비도 차질 없이 갖추어야 합니다. 텐트와 산소통, 쌀과 김치, 라면 같은 기초 물품에서 철사, 못, 이쑤시개, 손톱깎이 같은 자질구레한 물건에 이르기까지 수백 가지 품목을 꼼꼼하게 챙겨야 하는 복잡한 일입니다.

히말라야가 있는 네팔로 출발해도 끝이 아닙니다. 이번에는 등반 허가, 물품 통관, 무전기 사용 허가 등의 이런저런 행정 절차가 기다리고 있습니다. 셰르파_{등반안내인}와 포터_{짐꾼}를 고용하고, 베이스캠프까지 이동하는 카라반을 돈 주고 사람 고용해서 짐 옮기면 그만이라고 생각하면 오산입니다.

10일 내외가 걸리는 카라반 기간 동안 포터들은 일당 문제로 등반대의 신경을 자주 곤두세우게 합니다. 본격적인 등반의 전진기지인 베이스캠프에 도착하는 과정 자체가 만만치 않음은 "베이스캠프에만 무사히 도착해도 원정의 50%는 성공한 것"이라는 말에서도 알 수 있습니다.

등반 준비가 끝나면 대장은 날씨와 대원들의 컨디션을 감안해 성공 가능성이 가장 높은 결정적 순간을 선택해서 정상 공격을 시작합니다. 이 과정에서 눈사태나 기상 악화는 물론 예기치 않은 사고로 대원이 부상을 입는 일도 언제든지 일어날 수 있습니다.

아무리 철저히 준비해도 이러한 사태를 막을 수는 없겠지만, 이를 예상해 사전에 대비하는 것도 대장의 중요한 임무입니다. 등반대장은 이러한 전체 과정을 치밀하게 계획하고 준비하면서 현장에서 발생할 수 있는 돌발 상황에 제대로 대처해야 정상 정복과 무사 귀환이라는 목표를 달성할 수 있습니다.

결국 큰 방향을 잡고 추진해나가는 전략과 강인한 정신력이, 섬세하고 치밀한 과정 관리와 결합되어야 목표를 달성할 수 있다는 점에서 히말라야 등반과 기업 경영이 본질적으로 동일합니다. 겉으로 보이는 외양 뒤에 깔려 있는 디테일의 중요성을 느끼게 합니다.

운영 역량이 있어야
목표 접근에 가능하다

●   산악인에게 도전정신이 없다면 정상정복이라는 목표조차 세울 수 없을 겁니다. 그러나 치밀한 준비

●

전략과 강인한 정신력이,
과정 관리와 결합되어야
목표를 달성할 수 있다는 점에서
히말라야 등반과 기업 경영이
본질적으로 동일합니다.

와 철저한 프로세스 관리 역량이 뒷받침되어야 히말라야 고봉들은 인간에게 정상을 허락합니다. 고산등반은 험준한 고봉을 대상으로 변화하는 환경에서 인간의 역량을 극대화해 목표를 달성하는 행위입니다. 산악인이 뿜어내는 에너지의 원천이 도전정신이지만, 도전을 실행하는 방식은 철저하게 계획적이고 전략적입니다.

이는 기업도 마찬가지일 것입니다. 도전정신과 의욕만으로 사업이 성공할 수 있다면 사업에서 실패하는 사람은 없을 겁니다. 기업이 존립하기 위해서 도전정신은 출발점입니다. 하지만 목표를 향하게 하는 동력은 철저한 운영모델이라는 점에서 등반과 일맥상통합니다.

● ● ●

세계적인 산악인인 엄홍길 대장은 계속 새로운 목표를 찾아 도전에 나섭니다. 2006년 엄홍길 대장의 히말라야 원정대에 초대받아 베이스캠프까지 동행하는 기회를 얻었습니다. 고소증세가 너무 괴로워서 정상정복이나 자연의 신비 등은 사치였습니다. 그러나 전문 산악인의 고산 등정이 철저하게 준비하고 계획하고 오류를 수정해나가는 정교한 과정 관리에 기반을 두고 있다는 점을 관찰하는 좋은 기회였습니다.

조비의 입맛, 클린턴의 햄버거, 사회생활의 초기 경험

아기 오리의 행동과
각인효과

● 　　　　　알에서 갓 깨어난 아기 오리는 처음 본 물체를 엄마라고 생각하고 행동을 따라합니다. 오스트리아 출신 동물행동학자 콘라드 로렌츠는 1937년 인공 부화시킨 기러기가 태어나서 처음 접한 자신을 엄마로 여기고 졸졸 따라다니는 행동을 관찰했고, 오리·거위·까마귀 등도 동일한 행동을 보이는 사실을 확인했습니다. 그는 조류들이 태어난

후 일정시간 내에 접한 물체를 엄마로 인식하는 현상을 '각인 imprinting'으로 명명했습니다. 그는 동물의 행동에서 본능과 학습을 분리해 접근하고 분석해 비교행동학의 창시자로 인정받으면서 1973년 노벨 생리의학상을 수상했습니다.

본능은 학습되지 않은 행동을 의미합니다. 인간의 행동도 근본적으로 본능과 학습의 조합에 근거한 섬세하고 정교한 반응이고, 출생에서 성장기를 거치는 동안 단계별 초기 입력에 따라서 반응체계가 형성됩니다.

조조의 맏아들,
조비의 입맛

● 　　　　　　　　중국 삼국시대의 주역으로 위나라를 건국한 조조曹操는 장남인 조비曹丕를 후계자로 삼았습니다. 조비는 껍데기만 남아 있던 한漢왕조를 폐하고 위魏나라를 개창한 뒤 황제 자리에 올라 위나라 문제文帝가 됩니다.

조비는 "삼대三代에 이른 가문의 어른이 되어야 올바로 옷을 입고 음식을 먹는 법을 안다三世長者知服食"라고 언급했습니다. 환관 집안 출신의 부친 조조가 대업을 일으키면서, 조비는 젊어서부터 술과 음식, 의복이나 서화 등에서 그야말로 최고의 명품을 접하고 즐기며 자연히 안목을 갖추게 되었습니다. 하지만 유년기를 지난 이후에야 부친 조조가 부귀를 얻었기에 특히 입맛에서만큼은 최고의 감각에 이르는 데는 조비 자신이 한계를 느꼈다는 것입니다.

조조는 36세인 190년 원소를 맹주로 하는 동탁 토벌군에 가담하면서 입신立身이 시작됩니다. 이후 200년의 관도대전에서 화북 지역 전통의 강자인 원소에게 승리를 거두고, 53세인 207년에 화북 지방을 평정하면서 삼국시대의 주역으로 부상합니다. 이때가 바로 조조의 장남인 조비가 청소년기에 해당하는 나이입니다.

물론 조조의 집안도 유복했지만 화북의 전통적 명문인 원소, 양자강 이남의 맹주인 손권 등 전통의 명문세가와는 격차가 컸습니다. 즉 조비의 술회는 유년기에 형성되는 입맛과 취향에서 높은 안목을 지니려면 아버지가 아니라 할아버지 대에서 입신출세해야 유년기부터 좋은 음식을 접하면서 입맛이 섬세하게 발달된다는 점을 나타냅니다.

클린턴 대통령의
햄버거와 감자칩

● 　　　　　지금으로부터 70여 년 전 미국 남부 아칸소의 소도시 호프에 살던 윌리엄 블라이드 3세와 버지니아 캐시디가 사랑에 빠집니다. 시골뜨기에 가난한 처지라 시급제 아르바이트를 하며 결혼생활을 시작합니다. 이 둘 사이에 아

기가 생기자 안정적인 직업이 필요하다고 생각한 블라이드는 주변 대도시인 애틀란타로 갑니다. 중장비 외판원으로 취직한 그는 고향에 있는 임신한 아내를 데려오기 위해 렌터카를 몰고 고속도로를 달리다가 교통사고로 즉사합니다.

3개월 후인 1946년 8월 19일 유복자인 남자아기가 태어났습니다. 캐시디는 세상을 떠난 남편의 이름을 따서 윌리엄 블라이드 4세클린턴의 본명로 이름을 짓는데, 이 아기가 바로 미국 42대 대통령인 빌 클린턴입니다. 20대 초반에 혼자가 된 캐시디는 먹고살기 위해 간호사 학원에 등록하고 아이를 흑인빈민구역에서 과일가게를 하던 친정아버지에게 맡깁니다.

간호사가 된 캐시디는 1950년 자동차 판매상인 로저 클린턴과 재혼합니다. 아이는 계부의 성을 따라 클린턴으로 개명까지 했지만 불행히도 새아버지는 알코올중독자에 가정폭력까지 행사하는 무뢰한이었습니다. 1967년 로저 클린턴이 병으로 사망하고 캐시디는 이후에도 3번을 더해 모두 5번 결혼합니다. 하지만 남편들이 모두 먼저 세상을 떠나는 기구한 팔자였습니다. 1994년에 사연 많은 이 여인은 하늘나라로 갑니다.

이런 상황에서도 클린턴은 학교에서 성적, 미식축구, 음악활동 등 다방면에서 발군의 실력을 발휘합니다. 특히 고교졸업반이던 1963년 우수학생으로 선발되어 백악관을 방문해 존 F. 케네디를 만난 것은 인생의 전환점이 됩니다. 이후 대학시절 똑똑한 아내 힐러리를 만나 백인 상류사회에 기반을 구축하고 아칸소 주지사를 거쳐 대통령이 되었습니다.

어린 시절 가난한 시골과 흑인빈민 구역에서 성장한 클린턴이 가장 즐겼던 음식은 길거리 패스트푸드였고, 마음을 터놓는 가까운 친구들 중에는 흑인이 많았습니다. 흑인들과 교감이 뛰어났던 클린턴이 치른 모든 선거에서 흑인 지지율은 80%를 상회했습니다.

훗날 대통령이 되었지만 백악관에서 세계 정상급 셰프들이 차리는 최고급 요리가 어딘가 허전했던 대통령은 보좌관에게 길거리 햄버거, 감자칩과 콜라를 사오게 해서 즐겼던 것으로 유명합니다. 정통 프랑스 요리사였던 백악관 수석 셰프는 클린턴의 입맛에 맞는 미국 패스트푸드에 많이 사용되는 냉동 식재료와 토마토케첩을 사용하는 것만큼은 자존심이 허락하지 않는다고 반대하다가 해고되었다는 후문은 유명합니다.

고향 어머니의 음식,
김치와 우메보시

● 　　　　　　사회사업가 윤기 선생은 선친인 윤치호 목사께서 1928년 전남 목포에 세운 고아원 공생원의 유지를 이어가고 있습니다. 일본 고치현 출신 어머니 다우치 치즈코는 아버지를 따라 목포에 와서 고아원 봉사활동을 하게 된 계기로 만난 고아원 설립자 청년 윤치호 전도사와 1938년 결

혼해 이름도 윤학자로 바꾸고 2남 2녀의 친자식과 3천 명 고아들의 어머니로 평생을 헌신합니다. 6·25전쟁이 한창이던 1951년 광주에 식량을 구하러 갔던 남편이 행방불명되는 비극이 일어난 후에도 지극정성으로 고아들을 보살펴 한국과 일본정부로부터 모두 훈장을 받았습니다. 윤 여사 이야기는 최초의 한일 합작영화 〈사랑의 묵시록〉을 통해 널리 알려졌습니다.

평생 한복을 즐겨 입고 김치를 좋아하며 철저히 한국인으로 살던 윤 여사가 노년에 병석에 눕게 되자 아들에게 "어린 시절 고향에서 먹던 우메보시梅干し를 죽기 전에 마지막으로 한 번 먹어보고 싶다"라고 말했다고 합니다. 우리나라의 김치처럼 일본에서도 각 지역에서 집집마다 담가 먹는 매실장아찌입니다. 고향집 어머니가 만든 우메보시가 삶의 마지막 순간에 생각났던 것입니다. 장성한 아들은 고향 일본을 떠나와서 완벽한 한국인으로 평생 살아왔다고 생각했던 어머니에게 남아 있었던 고향의 맛에 대한 그리움을 느끼면서 한참 눈물을 흘렸다는 일화입니다.

유아기의 입맛, 사춘기의 음악, 청년기의 가치관

●   입맛은 이유식에서 사춘기까지 먹었던 음식에서 결정되고, 음악이나 의복 등 문화적 취향은 사춘

기에서 20대 초반까지 유행한 사조에 지배를 받고, 세계관은 10대 후반에서 20대까지 접했던 가치관에 강한 영향을 받습니다. 감각의 영역별로 초기 입력된 기억과 경험이 기본적인 틀을 규정하는 것입니다.

유아기의 입맛이 평생을 간다는 것을 잘 입증하는 국외 입양아들의 사례가 있습니다. 한국인으로 태어났지만 유아기에 외국으로 입양되어 성장한 사람들의 입맛과 취향이 입양된 지역의 현지인과 같다는 점입니다.

음악 취향은 사춘기 때의 기억과 경험이 평생 영향을 끼칩니다. 〈가요무대〉를 애청하는 70대 어르신들에게는 젊은 시절 유행했던 트로트가 각인되어 있습니다. 1950~1960년대 가수들의 노래는 어르신들이 즐기는 음악의 원형질을 이룹니다. 1950년대 후반에서 1960년대 초반에 태어난 베이비붐 세대들에게 7080 가요는 앞으로 죽을 때까지 친숙할 겁니다.

대개 10대 후반에서 20대 후반까지 유행한 음악이 평생의 취향으로 자리 잡기 때문에 "가수는 팬들과 함께 나이를 먹는다"라는 말이 있습니다. 연령을 불문하고 자신의 음악적 취향을 한 번 생각해보면 대개 20대 전후에 유행하던 사조에 강하게 영향을 받는다는 점을 실감할 겁니다.

세상을 보는 관점, 즉 세계관도 10대 후반에서 20대 후반까지 10여 년간 접했던 세계관, 가치관, 시대사조 및 전문분야의 영향을 크게 받습니다. 먼저 대학시절 전공의 영향이 큽니다.

공부는 하지 않고 시험만 치면서 가방만 들고 학교를 왔다 갔다 해도 4년이 지나면 법학전공자는 법률의 창으로, 물리학도는 물질의 창으로 세계를 이해합니다.

이에 더해서 나름대로 문제의식도 생겨나면서 혈기 방장한 20대 초반에 읽고 접하는 정치사회적 사조와 유행이 특정 세대의 가치관을 형성합니다. 이때 형성된 가치관은 사실상 30대 이후 평생을 지배합니다. 세상을 100% 해석할 수 있는 세계관은 없고, 어떤 입장도 나름대로의 정당성을 가지기 때문에 사람들은 대개 자신이 일단 확립한 프레임으로 세상을 반복, 재해석하는 경향이 있습니다.

젊은 시절 확고한 신념으로 자리 잡은 세계관과 가치관이 변하려면 실질적 경험이 쌓여야 합니다. 다시 말해 사회에 진출해 자신의 힘으로 벌어먹고 살면서 경험이 생겨나면, 과거 학창시절 자신이 개념적으로 이해하고 선험적으로 접근했던 부분들을 반추하면서 자신의 생각을 바꾸어 나갈 수 있는 것입니다.

물론 어떤 사실관계도 무시할 정도로 강력한 종교적 도그마dogma 수준의 신념체계가 형성된 경우는 어떤 경험을 해도 변하지 않습니다. 이런 사람들을 가리켜 고대 로마의 대정치가 율리우스 카이사르가 "사람들은 사실이기 때문에 믿는 것이 아니라, 믿고 싶기 때문에 믿는다"라고 지적한 것은 탁견입니다.

●

감각의 영역별로
초기 입력된 기억과 경험이
기본적인 틀을 규정하는 것입니다.

사회생활도 초기 경험이
결정적으로 중요하다

●   사회생활도 마찬가지로 처음이 중요합니다. 첫 직장의 업종, 분위기 등이 초기 기억을 형성하기 때문입니다. 같은 학교에서 똑같이 공부하고 취직했어도, 몇 년 지나면 왠지 모르게 사물을 보는 관점에서 차이가 나기 시작하는 이유입니다.

같은 금융업이라도 경쟁이 치열한 증권회사에서 시작한 사람과 안정을 중시하는 은행에서 출발한 사람은 시간이 흐르면서 완연히 다른 모습을 보입니다. 제조업 안에서도 변화가 심한 전자·통신장비 부문과 상대적으로 천천히 변화하는 시멘트·정유 업종은 다릅니다. 하물며 시장가치 중심의 민간기업과 제도절차를 중시하는 공공 부문의 차이는 말할 것도 없을 겁니다. 이런 부분도 의외로 바꾸기 어렵습니다.

유년기 입맛처럼 사회생활도 초기 입력값이 기본 바탕을 결정합니다. 비록 능력이 뛰어나도 가치관이 왜곡되어 있는 사람은 조직을 퇴보시키는 '썩은 사과'가 되기 마련입니다. 이런 맥락에서 저는 기업들이 실시하는 신입사원 교육과 오리엔테이션이 상당히 중요하다고 생각합니다. 사회에 첫발을 내딛은 새내기들이 시장경제의 본질, 기업의 가치와 역할, 조직생활의 기본자세에 대해 처음에 올바른 관점을 가져야 미래의 인재로 성장할 수 있기 때문입니다.

제가 사회에 나오던 1980년대 후반에는 국내 기업에 입사하면 응당 신입사원 교육을 한 달가량 받았습니다. 당시 우리나라 대기업들의 엄격하고 체계적인 신입사원 교육은 오늘날 우리나라 기업들이 비교적 단기간에 글로벌 기업으로 성장한 기초체력이 되었다고 생각합니다.

저의 경우 첫 직장이 증권회사였습니다. 제 세대가 대개 그렇듯이 기업과 업종에 대해서 잘 모른 채 월급을 많이 주고 좋다고 해서 들어갔습니다. 철이 없었던 것이죠. 막상 입사하고 나니 증권회사 생활이 만만치 않더군요. 당시도 증권업은 경쟁이 치열했고, 무엇보다 완전히 을乙의 입장이었습니다. 하지만 지금 돌이켜 보면 증권회사에 들어간 것이 결과적으로 저의 기초체력을 형성하는 큰 자산이 되었다고 자평합니다.

첫 단추를 잘 꿰어야 한다고 하지만, 초기 기억을 결정짓는 기제들이 감각과 관점을 결정하기 때문에 어떻게 보면 처음이 전부인 셈입니다. 그나마 입맛이나 음악이야 개인의 취향으로 치부하면 그만이지만, 구성원들의 올바른 세계관과 합리적 가치관은 조직의 생존과 연관된 기초체력이 됩니다.

● ● ●

어린 시절 가난한 환경에서 성장한 클린턴이 즐겼던 음식은 길거리 패스트푸드였습니다. 훗날 대통령이 되었지만 백악관에서 길거리 햄버거, 감자칩과 콜라를 사오게 해서 즐기곤 했던 것으로 유명합니다. 유아기의 입맛, 사춘기의 음악, 청년기의 가치관은 평생을 갑니다. 사회생활도 초기 경험이 결정적으로 중요합니다. 유년기 입맛처럼 사회생활도 초기 입력값이 기본 바탕을 결정합니다.

메멘토 모리와 카르페 디엠,
삶과 죽음을 대하는 사생관

로마 개선장군의 개선식,
메멘토 모리

●   로마는 기원전 753년 이탈리아 반도 중부의 가난하고 조그만 마을에서 시작되었습니다. 강력한 군사력을 바탕으로 정복을 거듭한 로마는 기원전 1세기 서유럽과 북아프리카를 아우르는 세계제국으로 발전합니다. 오늘날 작은 벤처기업이 기술력을 기반으로 인수합병을 거듭하면서 글로벌 기업으로 도약한 것에 비유할 수 있습니다.

로마는 전통적으로 국가를 구한 전쟁영웅에게 수도 로마에서 개선식을 거행할 수 있는 명예를 부여했습니다. 전쟁에서 승리하고 군대의 본국 귀환이 확정되면, 원로원은 개선식 진행여부를 결정합니다. 승전행사인 개선식은 공동체의 자부심을 높이고 결속력을 강화하는 국가행사였고, 개선장군은 시민으로서 최고의 영예를 얻었습니다.

로마 시 외곽 세르비안의 벽Servian Wall, 서울 남대문 밖의 마포쯤 해당에서 개선식을 위한 행렬이 출발합니다. 원로원 의원들을 선두로 군악대, 전리품을 실은 마차 행렬, 노획 무기를 실은 마차 및 포로의 행렬이 뒤따르면, 이어 4마리의 말이 끄는 전차Chariot에 탄 개선장군과 무기를 들지 않은 병사들이 행진합니다. 개선장군은 월계관을 쓰고 보라색 옷감에 금실로 수놓은 토가Toga, 로마 성인의 정복를 입어 흡사 제왕이나 신화의 영웅처럼 보였습니다.

행렬은 연도에서 시민들이 환호하는 가운데 개선문을 지나 시내를 가로질러 카피톨리노 언덕에 있는 주피터 신전까지 이어집니다. 신전에 가서 흰 소를 제물로 바치고 개선장군이 월계관을 벗어 신에게 바치면 공식행사가 끝납니다. 이후 원정군은 해산하고 병사들은 시내로 몰려가 먹고 마시는 떠들썩한 축제가 펼쳐집니다. 개선장군은 이후 죽을 때까지 '비르 트라이엄팔리스Vir Triumphalis, 승리자'로 불립니다.

대표적인 개선장군이 스키피오 아프리카누스입니다. 카르

타고와 120년 동안 지중해 패권을 놓고 세 차례에 걸쳐 포에니 전쟁(기원전 264~146)이 벌어졌고, 실질적인 승부처는 전설의 명장 한니발이 침공한 2차전(기원전 218)이었습니다. 당시 칸나이 전투에서 하루에 로마군은 전체 병력 7만 6천 명 중 무려 7만 명이 전사한 반면, 한니발군은 5만 명 중 단 1천여 명이 전사하는 참패를 당합니다.

스키피오는 존폐 위기에 몰린 로마에 반전의 기회를 만들어 결국 북아프리카의 카르타고 본국을 공격해 한니발을 격파하고 로마의 지중해 패권을 확립했고, 헤라클레스에 비유되는 개선장군의 명예를 받습니다. 그리고 '아프리카를 정복한 자'라는 의미의 경칭인 '아프리카누스'가 이름 뒤에 붙게 됩니다.

개선식은 로마 공화정(기원전 509~기원전 27) 480년 동안에 320번이 열린 반면, 황제정(기원전 27~기원후 476) 500년 동안에는 30번 밖에 열리지 않았습니다. 아무래도 황제가 있는데 개선장군을 또 만들기는 어려운 데다, 그나마 황제가 개선장군인 경우가 대부분이었기 때문입니다.

개선장군에게 개선식이 열리는 하루는 인간으로서 성취를 인정받고 로마 시민으로서 최상의 영예를 얻는 그야말로 인생 최고의 날입니다. 모든 사람에게 부러움을 한껏 받는 이 개선식에는 특이한 전통이 하나 있었습니다. 환호하는 시민 사이를 자랑스럽게 행진하는 개선장군의 바로 뒤를 노예가 따라 걸으면서 "메멘토 모리Memento Mori"를 계속 외칩니다. '죽음을 기억하라'는 라틴어로 '너 자신도 유한한 인간임을 잊지 말라' 는 의미인데, 인생 최고의 날에 일종의 초치는 문장을 바로 등 뒤에서 외치면서 졸졸 따라다닙니다.

이러한 행위의 의미는 '인간으로서 최고의 영예를 받고 신의 경지에 오른 듯 느껴지지만, 너 역시도 언젠가는 죽는 인간의 운명이 기다리고 있다. 교만에 빠지지 말라'는 경고입니다. 이 는 개선장군뿐만 아니라 승리에 들뜬 공동체 전체가 교만에 빠지지 말라는 경고이기도 합니다.

웰빙과 웰다잉의 흐름 속에서
주목받은 메멘토 모리

● 기원후 476년, 서로마가 멸망하고 중 세 시대로 접어들면서 메멘토 모리는 점차 기독교의 종교적 의미로 변해갑니다. 다신교였던 로마는 현세를 중시하고 신을 존중하되 어디까지나 인간이 중심인 사회였습니다.

반면 중세는 유일신 기독교 체제로 전환하면서 현세는 내세 로 가기 위한 과정에 불과하다고 여깁니다. 죄악으로 가득 찬 현세와 은총으로 가득 찬 내세의 대비가 패러다임인 시대입니 다. 신의 뜻에 따라 현생을 살고 죽어서 천국으로 가는 것이 목적이 되면서, 메멘토 모리는 '삶이 헛됨을 깨닫고 언제나 죽 음을 기억하며 신의 뜻에 따라 충실히 살아야 한다'는 의미로

"인간으로서 최고의 영예를 받고
신의 경지에 오른 듯 느껴지지만,
너 역시도 언젠가는 죽는
인간의 운명이 기다리고 있다.
교만에 빠지지 말라."

변합니다.

비단 고대 로마나 중세 서양뿐만이 아니라 어떤 문화권이나 생로병사의 삶을 반추하고 현세를 겸허하게 살아가라는 메시지는 나름대로 갖고 있습니다. 우리나라도 마찬가지로 수준 높은 사고방식과 풍부한 예화예의와 교화를 발전시켜왔고, 우리 모두 어린 시절부터 가정·학교·종교 활동에서 다양한 형태로 교육받고 있습니다. 우리나라에서도 개념 자체는 친숙한 메멘토 모리는 이제 그 단어 자체로도 생소하지 않습니다.

우리나라에서는 1999년 〈여고괴담 2: 죽음을 기억하라, 메멘토 모리〉라는 영화가 있었습니다. 메멘토 모리는 영화 속 여고생의 일기장에 적혀 있는 문구로 소개됩니다. 뒤이어 2001년 한국학의 거장 김열규 교수가 『메멘토 모리, 죽음을 기억하라』를 출간해 한국인의 죽음론을 탐구했습니다. 이후 메멘토 모리는 감성적인 에세이나 수필에 간간이 등장하면서 친숙해집니다.

이런 즈음 1997년 IMF 구제금융을 이겨내고 한숨 돌리기 시작한 2000년대 초반부터 웰빙well-being이 뜨기 시작했습니다. 사회 전체적으로 최소한의 생계 문제를 해결하는 수준이 되면서, 삶의 질에 대해서도 관심을 갖기 시작한 것이죠. 다이어트, 건강식, 여행에서 시작해서 '죽기 전에 해야 할 ○○가지' 류의 책들, 소위 '버킷리스트'가 홍수를 이룹니다.

이런 흐름 속에서 '웰다잉well-dying'도 부각되기 시작했고, 메

멘토 모리라는 단어도 웰빙과 웰다잉의 흐름 속에서 더욱 주
목받았습니다. 일본을 대표하는 여행사진 작가 후지와라 신
야의 포토에세이집『메멘토 모리』도 유명합니다. 1983년 일본
에서 출간된 이후 2010년 국내에서도 출간되었습니다.

〈죽은 시인의 사회〉의
카르페 디엠

●   '카르페 디엠Carpe Diem'은 가장 유명한
라틴어 경구 중 하나입니다. '오늘을 잡아라Seize the day'로 직역
되는 이 문구는 1989년 개봉한 영화 〈죽은 시인의 사회〉에서
키팅 선생(로빈 윌리엄스)이 학생들에게 '오늘을 즐겨라'는 의미
로 되풀이해서 강조하면서 강한 인상을 남깁니다.

개봉 당시 이 영화를 극장에서 볼 때, 나름 의식 있는 교사
로 나오는 코미디 연기의 대가 로빈 윌리엄스가 진지한 얼굴
로 "카르페 디엠, 카르페 디엠" 하던 장면이 어색하면서도 멋
있다고 생각했는데, 후일 미국영화연구소가 '미국 영화 100대
명대사' 중 95번째로 선정했다고 합니다.

카르페 디엠은 기원전 1세기의 로마 시인 호라티우스의 시
구 중 "현재를 즐겨라. 가급적 내일이란 말은 최소한만 믿어
라Carpe diem, quam minimum credula postero"의 부분 구절입니다. 운
명은 신의 영역이고, 미지의 미래를 고민하지 말고 오늘에 집

중하라는 의미입니다.

메멘토 모리의 '죽음을 기억하라'와 카르페 디엠의 '오늘을 잡아라'는 외견상 상충되지만 맥락은 동일합니다. 유한한 인생, 소멸되는 운명 속에서 인간은 유한성을 자각하되 오늘의 삶에 충실하라는 뜻입니다. 산 자가 죽은 자를 생각하는 이유는 죽기 위해서가 아니라 살기 위해서입니다. 인생의 유한함을 자각하되 허무함에 빠지지 않고 오늘의 삶이 소중함을 깨닫고 올바로 잘살기 위해서입니다.

웰빙과 웰다잉은 같은 맥락에 있습니다. 잘 살아온 사람이 잘 죽을 수도 있습니다. 이런 점에서 저는 삶과 죽음에 대한 관점, 즉 사생관이 인간의 품격을 유지하는 기본 바탕이라고 생각합니다.

오충현 대령의 사생관과
이순신 장군의 좌우명

● 2010년 3월 2일 오충현 중령은 신참 조종사의 비행훈련을 돕기 위해 18비행단 소속 F-5 전투기에 동승했다가 불의의 사고로 순직합니다. 공군사관학교 38기를 수석 졸업한 수재였고 유도선수였던 국가와 사회의 동량이었습니다.

축의금 봉투에는 항상 "대한민국 공군 중령 오충현"이라고 쓸 만큼 자부심 강한 베테랑 조종사였던 그는 늘 솔선수범하고 책임의식이 투철했던 지휘관이었습니다. 그는 1992년 12월 한 동료 조종사의 장례식장을 다녀오면서 군인의 사생관에 대한 단상을 일기장에 남겼습니다.

내가 죽으면 가족은 내 죽음을 자랑스럽게 생각하고 담담하고 절제된 행동을 했으면 좋겠다. 장례는 부대장으로 치르되, 요구사항과 절차는 간소하게 했으면 한다. 또 장례 후 부대장과 소속 대대에 감사 인사를 드리고, 돈 문제와 조종사의 죽음을 결부시킴으로써 대의를 그르치는 일은 일절 없어야 한다. 조국이 부대장을 치러주는 것은 조종사인 나를 조국의 아들로 생각하기 때문이다. 그러니 가족의 슬픔만 생각하지 말고, 나 때문에 조국의 재산이 낭비되고 공군의 사기가 실추되었음을 깊이 사과해야 한다. 군인은 오로지 '충성'만을 생각해야 한다. 비록 세상이 변하고 타락한다 해도 군인은 조국을 위해 언제 어디서든 기꺼이 희생할 수 있어야 한다. 그것이 대한민국 전투기 조종사의 운명이다.

매일매일 죽음을 의식하는 전투기 파일럿이란 직업을 통해 생겨난 정갈한 사고입니다. 비록 일기 형태의 글이지만 이 정도로 정제된 생각을 하기는 어렵습니다. 또한 남에게 보여주기 위한 글이 아니라 자신에 대한 내밀한 다짐이란 점에서 순수함이 느껴집니다. 어디 기고한 글이 아니라 순직 후 유품을 정리하다가 일기장에 적혀진 내용이 알려졌기 때문입니다.

직업군인인 저의 지인이 언젠가 이렇게 말하더군요. "군인은 모순의 세계에서 산다. 누구나 목숨은 아깝고 죽음은 두렵다. 그런데 전장에서 '돌격 앞으로!'는 죽으러 가라는 명령이다. 통상적이라면 살려고 도망치는 것이 맞지만, 군대는 죽을 줄 알면서도 앞으로 돌격해야 하는 조직이다. 따라서 군대 지휘관은 자신의 사생관을 분명히 가져야 한다. 그렇지 않으면 결정적 순간에 잘못된 판단을 내려, 자신은 물론 부하의 목숨도 위태롭게 할 것이다. 이순신 장군의 좌우명인 '필사즉생 필생즉사必死則生 必生則死, 반드시 죽고자 하면 살 것이요, 반드시 살고자 하면 죽을 것이다'가 그냥 나온 것이 아니다. 지휘관부터 개인적 생사를 초월해야 부대가 이기고 살아남는 길이 보인다는 내면적 고백이다."

지리멸렬했던 전쟁의 특징은 용렬한 장수들입니다. 평화로운 시기에는 계급장을 달고 거들먹거리다가 막상 전쟁이 나면 자신의 목숨부터 챙기는 부류들이죠. 임진왜란 극복의 주역 유성룡의 『징비록』에 이런 사례가 무수히 나옵니다.

임진왜란 초기에 왜군이 부산으로 쳐들어오는데 좌병사 이각(경상좌도 수비군 총사령관)은 우왕좌왕하다가 가장 먼저 자신의 첩부터 피난시킵니다. 비록 동래부사 송상현이 맞서 싸

메멘토 모리와 카르페 디엠은
외견상 상충되지만 맥락은 같습니다.
유한한 인생, 소멸되는 운명 속에서
인간은 유한성을 자각하되
오늘의 삶에 충실하라는 뜻입니다.

우다 전사하기도 하지만, 오히려 왜란 초기의 예외상황일 뿐 대부분의 지휘관들은 앞다투어 도망부터 칩니다.

심지어 용궁현감 우복룡은 도망치던 와중에, 지휘관 없이 전장으로 이동하던 민병대 수백 명을 마주치자 사소한 트집을 잡아 모두 죽여버리고는 반란군을 진압했다고 순찰사 김수에게 허위보고까지 합니다. 우복룡이 반군진압의 공으로 정 3품 통정대부로 벼락출세하는 황당한 상황까지 벌어지는 것을 보고 당시 도체찰사에 훗날 영의정으로 전쟁을 이끌었던 동시대인 유성룡조차 개탄을 금치 못합니다.

조직에 속한 사회인의
인생관과 가치관

● 　　　　　30여 년 동안 나름대로 사회생활을 해오면서 다양한 사람을 만나게 됩니다. 사람을 만날수록 "열 길 물속은 알아도 한 길 사람 속은 모른다"라는 말을 실감합니다. 인간에게도 양quantity과 질quality이 있다면 양질이 꼭 정비례하는 것은 아니라고 느낍니다. 즉 수십 년 동안 만나서 밥 먹고 운동하고 시간을 함께 보내도 사람을 알 수 없습니다. 돈 거래를 해보거나, 한 팀을 이루어 일을 함께 해보아야 그나마 감을 잡을 수 있는 정도입니다.

돋보이는 학력과 화려한 경력이라는 타이틀로 무장하고 있어도 이는 단지 겉치레에 불과합니다. 진면목은 따로 있습니다. 그래서 저는 인생의 양과 질은 별개라고 봅니다. 양적으로 높은 지위에 있고 많은 부를 쌓아도 질적으로는 저열할 수 있으며, 평범한 시민일지라도 질적으로는 높은 인격체일 수 있다는 점에서입니다.

물론 상식적인 이야기로 소싯적부터 자주 교훈적으로 접합니다만, 하늘의 뜻을 알게 된다는 지천명知天命인 50세가 되면서 피부로 느끼고 머리로 이해되더라는 것이죠. 그렇다고 막연한 허무주의에 빠질 필요는 없습니다. 삶에서도 양과 질이 별개가 아니라 연관되어 있지만, 그것이 항상 일치하지는 않는다는 정도로 이야기하고 싶습니다.

다만 극히 개인적인 생각으로 아무리 높은 지위에 있어도 자신의 역량에 기반을 두지 않고 타인의 호의에 힘입은 사람들은 기본적으로 비굴하다고 느낍니다. 그래서 저는 높은 계급장의 상대방을 존중하면서도 그 사람을 인격적으로 인정하는 것은 별개로 생각합니다.

어린 시절에는 인생관이나 가치관의 중요성을 이해하지 못합니다. 그러나 30대 이상이 되고 조직 내부에서 나름대로의 역할을 가지게 되면서 그 중요성을 실감합니다. 특히 의사결정을 하는 중견 간부나 팀장 이상의 경우에는 인생관과 가치관이 매우 중요해집니다. 리더의 의사결정이란 결국 가치관의 반영이고, 인생관에 바탕을 두고 있기 때문입니다. 이는 군인이 가진 삶과 죽음에 대한 견해가 전투현장에서 지휘관의 판단에 중요한 바탕이 된다는 것과 마찬가지 맥락입니다.

저는 조직에 속한 사회인으로 가져야 할 가치관의 핵심을 '직업윤리와 주인의식'이라고 봅니다. 어떤 직업에나 필요한 윤리가 있습니다. 기본적 윤리의식이 부족한 채 능력만 뛰어나다면 오히려 위험합니다. 주인의식은 조직인의 입장은 물론 자신의 인생에서도 필요합니다. 스스로를 삶의 방관자가 아니라 주인이라는 생각을 가져야 한다는 의미입니다.

● ● ●

'죽음을 기억하라'는 메멘토 모리, '현재를 잡아라'는 카르페 디엠은 미래를 고민하지 말고 오늘에 집중하라는 의미입니다. 2가지 모두 유한한 인생 속에서 인간은 유한성을 자각하되 오늘의 삶에 충실하라는 뜻입니다. 잘 살아온 사람이 잘 죽을 수도 있습니다. 이런 점에서 저는 삶과 죽음에 대한 관점, 즉 사생관이 인간의 품격을 유지하는 기본 바탕이라고 생각합니다.

주인의식은 조직인의 입장은 물론
자신의 인생에서도 필요합니다.
스스로를 삶의 방관자가 아니라
주인이라는 생각을
가져야 한다는 의미입니다.

박재동 화백과 스톡데일 장군의 합리적 낙관주의

어린 시절 만화방에서 만난
꺼벙이와 독고탁

●　　　　　　　　누구에게나 지난 시절을 추억하게 하는 상징이 있습니다. 어린 시절 꿈터였던 만화방에서 접했던 만화 주인공인 길창덕의 꺼벙이, 이상무의 독고탁, 신동우의 홍길동은 항상 어린 시절을 떠올리게 합니다.

학교에서 돌아오면 늘 만화방부터 갔습니다. 만화방에서 만화책을 보며 군것질하는 즐거움이 컸습니다. 옹기종기 모여

앉아 난롯불을 쬐면서 만화책을 보던 어린 시절의 겨울날을 생각하면 지금도 마음이 따뜻해집니다.

TV가 귀했던 시절에 만화방에 가서 돈 내고 TV를 보았던 기억도 어렴풋하게 남아 있습니다. 중학교에 입학하고 나서부터는 만화에 대한 관심이 시들해지더군요. 그래서 당시 인기리에 방영된 〈로보트 태권브이〉 같은 만화영화에는 별 감흥을 느끼지 못했습니다.

이후 고등학교 시절 낄낄거리면서 보았던 고우영의 『삼국지』는 정말 압권이었죠. 개인적으로 이 책이 여러 『삼국지』 중에서 가장 해석이 탁월한 판본이라고 생각합니다. 만화영화 〈아기공룡 둘리〉, 〈개구쟁이 스머프〉는 대학 시절까지 즐겨보았습니다. TV에서 방영한 〈검정고무신〉도 어린 시절을 떠올리며 재미있게 보았습니다.

신문 연재 시사만화의
굵직한 대표작들

● 　　　　　성년이 되어 신문을 읽기 시작하니 신문 연재 시사만화는 아동만화와는 또 다른 촌철살인의 맛이 있음을 알게 되었습니다. 어린 시절 〈동아일보〉에서 접하던 김성환 화백의 '고바우 영감'이 〈조선일보〉로 옮겨서 연재되었습니다. 〈중앙일보〉에서 연재되었던 정운경 화백의 '왈순아지

매'도 탁월했습니다. 4컷짜리 시사만화 시대의 주역이었죠.

이후 1컷 만평의 시대가 열립니다. 〈한겨레신문〉이 창간되고 얼마 지나지 않아 박재동 화백의 '한겨레 그림판'이 화제를 모았습니다. 〈경향신문〉에서 연재를 시작해 〈중앙일보〉로 옮긴 김상택 화백의 '김상택 만평'도 큰 인기를 끌었습니다. 그러나 박재동 화백이 〈한겨레신문〉을 떠나고 김상택 화백이 별세하면서 1컷 시사만화의 인기도 예전 같지는 않습니다.

가난한 동네 만화방집 아들인
박재동 화백

● 1990년대 후반 어느 날, 동네 헌책방에서 우연히 박재동 화백의『만화! 내사랑』이라는 책을 만났습니다. 부산 전포동에서 만화방집 아들로 성장기를 보냈다고 써있더군요. 박 화백이 1950년대 초반생이니 1960년대 초중반에 초등학교를 다녔을 것입니다. 1960년대는 만화방이라고 하면 아주 낮추어 보던 시절이었습니다.

『만화! 내사랑』에는 울산에서 교사셨던 아버지의 병환으로 먹고살 길이 없어 부산의 가난한 동네 전포동으로 이사해 만화방을 열어 2남 1녀를 키워낸 가정사가 오롯이 담겨 있었습니다. 물론 박 화백의 어린 시절 꿈과 상상력은 만화에서 비롯되었다고 합니다. 무엇보다 어려운 시대를 노력하며 열심히 살아온 가정에서 갖추어온 자부심과 의연함이 인상적이었습니다.

10여 년 전 박 화백을 직접 만나는 기회에 뜻하지 않게 캐리커처를 덤으로 얻었던 기억이 생생한데, 〈조선일보〉 주말판 'Why'에서 2013년 5월 『아버지의 일기장』을 출간한 박 화백의 인터뷰를 접했습니다.

『아버지의 일기장』은 1989년 별세하신 박 화백의 부친께서 남긴 수십 권의 일기장을 뒤늦게 읽고, 아버지의 일기 옆에 아들이 대답하는 식으로 엮어낸 책이라고 합니다. 존경받는 교사에서 한순간에 무일푼으로 전락해 천시받는 만화방 주인이 되어 가족들을 거두어야 했던 부친의 애환과 함께 가장으로서의 강인한 의지를 느낄 수 있었습니다. 일견 신파적 느낌이 들기도 하지만, 저는 "만화가게 책꽂이 옆에 아버지가 써 붙여둔 글귀, '금전을 잃으면 손해다. 신용을 잃으면 큰 손해다. 용기를 잃으면 마지막이다'를 아버지의 신조라고 생각해왔습니다"라는 대목이 와닿았습니다.

어려움을 이겨내는 힘,
스톡데일 패러독스

● 　　　　　사람이란 살면서 누구나 부침을 겪게 마련입니다. 어려움을 겪어보지 못한 사람들은 나이가 들어도

어딘지 모르게 철없이 날뛰는 경우가 많습니다. 환갑이 되어도 철없는 사람이 많습니다. 기업도 사람과 마찬가지로 위기를 겪습니다. 부침을 겪으면서 인생이 깊어지듯이, 위기를 극복하면서 조직이 강해지는 것은 고금의 진리이죠. 따라서 부침과 위기 자체보다도 부침과 위기를 대하는 태도가 중요하다고 생각합니다.

겸허한 자세로 현실을 직시하고 용기를 가지고 지혜를 모으는 것이 중요합니다. 이런 점에서 '희망의 역설' 스톡데일 패러독스Stockdale Paradox를 생각해보겠습니다.

미국 해군의 제임스 스톡데일(1923~2005) 중령은 베트남 전쟁에서 전투기 조종사로 근무하다가 대공포에 피격되어 8년(1965~1973) 동안 하노이 포로수용소에 수용되었습니다. 20회 이상의 고문에도 동료들에게 용기를 불어넣으며 살아남았고, 1973년 포로 교환으로 석방되어 해군 중장으로 퇴역했습니다. 그는 포로수용소에서 막연한 낙관주의자가 가장 위험했다고 회고했습니다.

"불필요하게 상황을 낙관한 사람들이 있었다. 크리스마스 전에는 나갈 것이라고 믿다가, 크리스마스가 되니 부활절(4월)의 석방을 기대한다. 다시 추수감사절(11월)의 석방을 믿지만, 또다시 크리스마스를 맞고, 결국 반복되는 상실감에 쓰러져 목숨을 잃었다. 꼭 살아나가겠다는 믿음을 갖는 것도 좋지만 매일매일 당면한 가혹한 현실을 잊어버려선 안 된다."

●

부침을 겪으며 인생이 깊어지듯이,
위기를 극복하며 조직이 강해집니다.
부침과 위기 자체보다도
부침과 위기를 대하는 태도가
중요하다고 생각합니다.

이후 사람들은 극한적 어려움을 이겨내는 합리적 낙관주의를 '스톡데일 패러독스(역설)'라고 부릅니다. 자기 확신이나 믿음도 중요하지만, 근거 없는 '정신 승리'는 오히려 위험하다는 뜻입니다. 엄혹한 현실이 닥치면 와르르 무너질 수 있기 때문입니다.

〈뉴욕 타임스〉의 칼럼니스트로『세계는 평평하다』를 쓴 토머스 프리드먼은 어린 시절 어머니에게서 소중한 가르침을 받았습니다. "비관론자는 대체로 옳고, 낙관론자는 대체로 그르다. 그러나 대부분의 위대한 변화는 낙관론자가 이룬다." 낙관주의는 중요합니다. 그러나 합리적 낙관주의만이 엄혹한 현실을 직시하고 위기를 이겨낼 수 있는 에너지를 만들어낼 수 있다는 스톡데일 패러독스를 마음속에 새길 수 있어야 합니다.

● ● ●

박재동 화백은 어린 시절 부산에서 만화방집 아들로 가난했던 성장기를 보냈습니다. 그의 책에서 느끼게 되는, 어려운 시대를 노력하며 열심히 살아온 가정에서 갖추어온 자부심과 의연함이 인상적입니다. 미국의 짐 스톡데일 장군은 베트남 전쟁에서 포로가 되어 8년 동안 포로수용소에서 생활했습니다. 수감 기간 동안 20차례가 넘게 고문을 받았음에도 동료들에게 용기를 불어넣으며 끝까지 살아남았습니다. 합리적 낙관주의의 힘입니다.

유관순 누나와 삼일절이 우리에게 주는 의미

우리가 미처 몰랐던
병천과 아우내

● 　　　　　　　병천이 어딘지 아시는지요? 병천순대
는 익숙하신지요? 병천은 몰라도 병천순대는 맛보신 분이 많
으실 겁니다. 병천은 천안시 동남구 병천면입니다. 병천순대
의 역사는 50년 남짓입니다. 근처에 돼지고기 가공 공장이 들
어오면서 공장에서 나오는 부산물로 순대를 만들어 팔다가 점
차 유명해지면서 지역의 향토음식으로 자리 잡게 되었습니다.

서울에도 병천순대 간판을 많이 볼 수 있는데, 병천에서 순대를 배송받아 파는 가게들입니다. 병천竝川을 한자로 쓰면 나란히 병, 내 천으로 '2개의 개천이 나란히 흐르는 곳'이라는 뜻인데, 순우리말로 하면 '아우내'로 '내川가 아우러지는 곳'입니다. 경기도 양평군에 양수리가 있는데 순우리말로 하면 '두물머리'입니다. 양수兩水, 즉 2개의 물이 합치는 머리이죠. 아우내와 비슷합니다.

아우내에서 체포되어
옥사한 유관순 누나

● 　　　　　　아우내는 교통이 편해서 당연히 큰 장이 서던 곳이었습니다. 아우내 하면 생각나는 사람이 있습니다. 바로 '유관순 누나'입니다. 초등학생 시절 유관순 누나라고 배우면서 1902년생이니 할아버지 연배를 '누나'라고 지칭하는 게 이상했던지, 누군가 선생님께 '유관순 할머니'가 맞지 않냐고 질문했던 기억이 나는군요. 선생님께서는 "교과서에 누나라고 하니 그대로 알아들어라"라고 일갈하셨습니다.

유관순 누나께서 만세를 부른 곳이 아우내라고 어린 시절 배웠습니다. 이화학당에 재학 중이던 유관순 누나는 서울에서 삼일만세운동 이후 휴교령이 내려지자, 고향으로 돌아가 1919년 음력 3월 1일 아우내 장날에 대대적인 만세운동을 주도합니다. 아우내에서 부모님이 모두 피살되고, 체포된 유관순 누나는 옥중에서 1920년 9월 28일 만 18세의 나이로 세상을 떠납니다.

독립국을 세웠기에
삼일절을 기념할 수 있다

•　　　　　　　20세기 초반 변방의 식민지 약소민족이었던 우리가 대한민국이라는 독립국을 이루고, 세계 10대 경제강국으로 성장했습니다. 근대 의식이 확립되는 분기점이었던 삼일절을 통해 우리가 성취한 근대화의 과정을 다시 한번 되돌아보고자 합니다.

　매년 3월 1일은 일제강점기에 맞서 우리 민족의 저항운동이 일어난 삼일운동을 기념하는 삼일절입니다. 비폭력 저항운동인 삼일운동은 우리나라는 물론 중국을 비롯한 동아시아 역사에도 큰 영향을 미쳤습니다.

　고등학교 시절, 국어시간에 "오등吾等은 자에 아 조선의 독립국임을 선언하노라"로 시작하는 삼일독립선언서를 외우던 기억이 아직 생생합니다. 삼일운동은 우리민족을 자각시켜 왕정복고 움직임이 사라지고 이후 상해임시정부를 탄생시키는 계기가 되었습니다. 또한 중국의 오사운동을 비롯해서 당시 아시아 식민지 저항운동의 기폭제가 되었습니다.

삼일운동의 의미가 더욱 값진 것은, 이후 우리 민족이 역경을 겪으면서도 굴하지 않고 대한민국이라는 근대 국가를 성립시키고, 오늘날의 대한민국으로 발전시킨 성공의 역사가 있기 때문입니다. 만약 우리가 일본의 식민지로 계속 남아 있었거나, 비록 형식적 독립국이 되었다고 하더라도, 정치·경제적으로 근대화를 이루지 못했다면 그 의미는 퇴색되었을 것입니다. 만약 독립국을 세우지 못했다면, 유관순 누나는 '독립운동가'가 될 수 없는 것입니다. 삼일절을 기념하는 것 자체가 후손들이 독립국을 세우고 발전시켰기 때문입니다.

삼일운동 이후의
근대사에 대한 평가

●   우리나라가 20세기에 이룬 정치·경제적 발전에 대해 정작 우리들은 인색한 평가를 내리는 반면, 오히려 다른 나라에서 더욱 높은 평가를 받는 측면이 있습니다. 경제발전이라는 측면에서 대만·싱가포르·홍콩도 성공 사례이지만, 이들은 상대적으로 소국이거나 도시국가들입니다. 인구 5천만 명의 규모이면서 경제성장에 성공한 나라는 제2차 세계대전 이후 대한민국이 유일합니다.

저명한 경영학자인 피터 드러커는 생전에 한국을 "기업가 정신이 가장 충만한 나라"로 평가했습니다. 드러커는 6·25전

삼일운동의 의미가 더욱 값진 것은,
이후 역경을 겪으면서도 굴하지 않고
오늘날의 대한민국으로 발전시킨
성공의 역사가 있기 때문입니다.

쟁 직후인 1950년대 중반 우리나라를 방문한 적이 있습니다. 이때 드러커가 본 것은 지금의 아프가니스탄이나, 고 이태석 신부의 〈울지마 톤즈〉라는 영화로 알려진 내전 직후의 남부 수단과 같은 폐허였습니다. 이런 나라가 불과 반세기 만에 경제대국으로 발전했으니, 드러커가 감탄했던 것입니다.

1919년 삼일운동 이후 우리민족과 대한민국은 세계적으로 인정받는 근대화 과정을 거쳐왔지만, 정작 국내에서의 평가는 인색합니다. 우리가 앞으로 나아가기 위해서는 지난 역사를 객관적이고 냉정하게 평가하고 인정하는 것이 필요하다는 점에서, 지난 세기 대한민국의 역사를 나름대로 되돌아보았습니다.

● ● ●

아우내에서 부모님이 모두 피살되고, 체포된 유관순 열사는 옥중에서 1920년 9월 28일 세상을 떠납니다. 이런 피땀이 모여 독립국을 세웠기에 삼일절을 기념할 수 있다는 것을 알 필요가 있습니다. 우리 민족이 숱한 역경을 겪으면서도 굴하지 않고 대한민국이라는 근대 국가를 성립시키고, 오늘날 세계적인 경제대국으로 발전시킨 성공의 역사를 분명히 인식해야 합니다.

현재 우리의 몸은 수백만 년에 걸친 호모 사피엔스 진화의 결과물입니다. 각종 신체기관이 모두 생존과 번식을 위해 기나긴 시간을 거쳐 만들어진 섬세한 디자인의 산물입니다.
마찬가지로 오늘날 우리가 평소에 입는 옷, 먹는 음식, 듣는 음악 등의 문화적 특성들도 오랜 기간 발전하고 숙성되어온 결과물이라고 할 수 있습니다. 길거리에서 만나는 유행, 매일 접하는 식탁, 즐겨 듣는 가요에도 수백 년에 걸친 근대화의 역사가 응축되어 있습니다.

PART 3

세상을 읽는
통찰의 순간들

더플코트와 바바리로 본
유행과 혁신 전파의 메커니즘

색채로 알아보는
유행의 메커니즘

●　　　　　2월 하순으로 접어들면 겨울도 막바지
입니다. 소비재 업계는 신상품을 매장에 전시하기 위해 올해
유행 색상을 주의 깊게 관찰하는 시기입니다.

미국의 색채연구소 팬톤은 2019년의 유행 색채로 리빙 코랄
을 선정했습니다. 팬톤은 지난 20년 동안 12월에 패션, 데코
레이션, 디자인 및 사회, 정치 및 문화 트렌드에 맞는 색깔을

선정해 발표하고 있습니다. 리빙 코랄은 산호초 등에서 볼 수 있는 밝고 생기 넘치는 느낌의 분홍색입니다. 팬톤은 '강렬하고 부드러운 색채에서 주는 따뜻함으로 우리를 감싸주고 끊임없이 변화하는 환경에서 편안함과 활력을 준다'고 평가했습니다. 색상은 물론 디자인까지 옷, 핸드백, 화장품 등의 기본이 되어 돌고도는 유행의 메커니즘은 무엇일까요?

팬톤이 지난 2014년의 유행 색채로 선정했던 레디언트 오키드, 보라색으로 이야기를 시작해보겠습니다. 보통 보라색을 입어서 어울리면 귀티가 난다고 합니다. 실제로 보라색은 자칫 촌스럽게 보일 수 있어 매치가 어려운 색입니다. 색깔 자체의 특성도 있지만 보라색 염료와 연관된 사연이 있습니다.

유행이 생겨나고
확산되는 기본 패턴

• 　　　　　고대 그리스와 로마에서 보라색은 높은 신분의 귀족만이 입는 고귀한 신분의 상징이었습니다. 왕이나 공화정 시절의 집정관Consul 등 최고위 관직만 입었습니다. 앞서 이야기한 개선장군의 망토가 보라색인 것도 이런 맥락입니다.

로마시대에 시작되어 오늘날 세계적인 종교로 발전한 천주교Catholic, 가톨릭에서 주교들의 공식 복장도 보라색입니다. 천주

136

교는 로마의 통치체제를 그대로 본떴는데 로마 황제는 교황Pope, 로마의 동맹국 왕과 속주 총독은 주교Bishop, 신부는 간부 공직자에 해당합니다. 주교가 보라색 전례복을 입는 이유를 알 수 있습니다.

보라색이 귀족의 색이 된 배경은 염색의 재료 때문입니다. 19세기에 화학산업이 발달하면서 인공염료가 나오기 전까지 모든 염색은 천연재료로 이루어졌습니다. 고대 서양에서는 보라색 천연염료를 지중해에서 나는 조개에서 채취했는데, 옷 한 벌을 염색하려면 조개 수천 개가 필요했습니다. 워낙 귀하고 비싼 염료라서 자연히 귀족들의 옷이 되었고 보라색은 선망의 대상이었습니다.

점차 시간이 흘러 조개 채취가 수월해지고 염색기술이 발달하면서, 공급이 늘어나 가격이 떨어지게 되고 다른 계층에서도 귀족을 따라 보라색 옷을 입으려 합니다. 차츰 하급 귀족이나 부유한 평민들부터 보라색 옷을 입기 시작하면서 유행을 타기 시작합니다.

반면 전통적으로 보라색 옷을 입던 높은 신분의 사람들은 기분이 나빠집니다. 그래서 자신들을 평민들과 차별을 두기 위해 다른 디자인과 소재, 나아가 다른 색깔의 옷을 입기 시작합니다. 참고로 현재 교황의 옷은 흰색, 추기경은 진홍색입니다. 추기경Cardinal은 교황의 선거권과 피선거권이 있는 주교입니다.

이것이 유행이 생겨나고 확산되는 기본 경로입니다. 즉 사회 상류층이 입는 옷, 먹는 음식, 쓰는 물건을 중간층이 모방하고 다음에는 하류층이 따라갑니다. 그럼 상류층은 차별화하기 위해 색상이나 디자인, 소재에서 다른 방식을 만들어 소비하면 이것을 다시 중간층에서 따라가고, 궁극적으로 하류층까지 확산됩니다. 즉 '위에서 도망가면 아래에서 따라가는 것'이 유행의 메커니즘이죠. 유행의 역동성은 근본적으로 위에서 아래로 흘러내리는 모방에서 나옵니다. 물이 높은 곳에서 낮은 곳으로 흐르는 것과 같은 이치입니다.

양반인 선비의 갓,
평민의 패랭이

● 　　　　동서양을 막론하고 신분제 사회에서 의복은 철저히 소속신분에 따르도록 법규와 제도가 만들어집니다. 서양에서는 1789년 프랑스 혁명부터 신분제가 해체되기 시작했고, 우리나라의 경우 1894년 갑오개혁부터 신분해체가 시작되었습니다. 수천 년 동안 내려온 신분제인지라 해체에도 역시 수백 년이 걸릴 거라고 생각했지만, 우리나라는 역설적으로 일제강점기와 1950년 6·25전쟁이라는 비극을 겪으면서 급속히 해체됩니다.

신분제 사회에서는 입고 있는 옷차림만 보면 곧바로 신분을 알 수 있습니다. 우리나라 조선시대에 양반은 갓을 쓰고 평민은 패랭이초립를 썼습니다. 아무리 돈이 많아도 평민은 갓을 쓸 수 없었습니다. 서양도 마찬가지로 신분에 따라 복식이 정해졌습니다. 하지만 근대로 오면서 시장경제가 발달하고 신분제가 해체되면서 복식도 자유로워졌고, 경제적 여유만 있으면 취향에 따라 어떤 옷을 입어도 상관없어집니다.

과거처럼 옷으로 신분을 구분할 수 없게 되자 상류층은 이제는 신분이 아니라 돈으로 구분합니다. 소위 고가의 명품이 생겨나는 것이죠. 즉 일반인이 쉽게 살 수 없는 높은 가격을 매기고 브랜드를 붙여 장벽을 쌓습니다. 하지만 유행의 패턴은 변하지 않습니다. 다만 근대 이전에는 신분제에 따른 귀족층이 패션리더였다면, 이제는 영화배우, 가수, 운동선수, 정치인 등이 유행을 주도합니다.

슈트와 타이의 유래,
윈저공과 바바리

● 　　　　　　남성복을 예로 들어보겠습니다. 지금 우리가 입는 슈트와 타이는 기본적으로 군복에서 출발했습니다. 슈트 상의의 뒤트임벤트은 말을 타기 편하게 만든 것이고, 주머니는 이런저런 개인 군용장비들을 넣기 위한 용도였습니다.

●

유행의 역동성은 근본적으로
위에서 아래로 흘러내리는
모방에서 나옵니다.

남성복의 핵심인 넥타이도 군대에서 유래합니다. 1688년 터키 전투에서 승리한 크로아티아 부대가 파리에서 개선식을 가졌습니다. 승리한 군대의 행진에 시민들은 환호했고, 루이 14세는 병사들이 목에 두른 밝은 색 수건에 매혹되었습니다. 화려한 치장을 좋아했던 루이 14세는 크로아티아 부대에 '로열 크라발레스Royal Cravalles'라는 부대명을 내리고 자신도 병사들처럼 목수건을 즐겨 둘렀습니다. 당시 패션리더였던 황제가 두른 목수건은 곧바로 유행을 타면서 남성복 정장에 편입됩니다. 프랑스어로 '크라바트Cravat'라는 이름의 넥타이가 생겨난 배경입니다.

근대 세계의 형성에 가장 큰 영향을 끼친 나라는 영국입니다. 1588년 스페인의 무적함대를 물리치고 17세기 초부터 신대륙과 동양으로 본격 진출했습니다. 18세기 중반부터는 산업혁명의 발원지가 되면서 '해가 지지 않는 나라'로 불리며 20세기 초반 제1차 세계대전까지 약 300년간 세계 최강국이었습니다.

대영제국은 자연히 법률과 제도에서부터 철도와 자동차, 나아가 축구와 골프 등의 스포츠와 복식에서도 현대의 기준을 형성합니다. 특히 오늘날 신사복 스타일에 가장 큰 영향을 준 사람은 20세기 초반 영국 전성기의 왕세자였던 윈저공입니다. 1936년 왕위에 올라 에드워드 8세가 되었지만 미국 국적의 이혼녀인 심프슨 부인과 결혼하기 위해 왕실규정에 따라 1년 만에 왕위를 포기한 것으로 유명합니다.

에드워드 8세의 퇴위 후, 그의 동생이 왕위에 올라 조지 6세가 되었습니다. 말더듬이에 수줍음을 많이 탔던 조지 6세는 예기치 않게 왕이 되었지만 훌륭히 직분을 수행했고, 그의 딸이 현재 영국 여왕인 엘리자베스 2세입니다. 조지 6세의 이야기는 지난 2010년 개봉한 〈킹스 스피치〉의 소재가 되기도 했습니다.

윈저공의 젊은 시절은 그야말로 세계 최고의 인기인이었습니다. 초강대국의 왕세자에 미남이고 사교술까지 좋았기 때문입니다. 당시 영화는 상영되었지만 TV는 보급되기 전이라서 연예인들의 영향력도 미미하던 시절이었습니다. 타고난 패션감각으로 역사상 최고의 베스트 드레서로 꼽히는 윈저공의 취향을 당시 상류층 젊은이들이 앞다투어 따랐습니다. 이것이 시간을 두고 일반인들에게 퍼지면서, 지금의 신사복 스타일이 완성됩니다.

윈저공은 단지 옷을 잘 입는 차원이 아니라 옷 입는 방식이나 디자인을 스스로 고안해내기까지 했습니다. 넥타이 매듭을 크게 매는 윈저노트Windsor Knot를 고안하고, 이에 어울리는 옷깃이 넓은 윈저칼라셔츠Windsor Collar Shirt를 만들었습니다. 그뿐만 아니라 단정한 느낌의 폭이 좁은 탭칼라Tap Collar 셔츠도 창안합니다.

또 당시까지 스웨터는 하층 노동자들의 생활복이었는데, 윈저공이 1922년 세인트 앤드류스 골프클럽에서 처음으로 입기 시작하면서 신사들의 평상복이 되었고, 이제는 세계인의 생활복으로 발전했습니다. 토마스 버버리의 가게에서 만든 트렌치코트도 윈저공이 '바바리'라고 부르기 시작하면서 일반명사가 되었습니다.

이런 현상은 동서고금이 마찬가지입니다. 우리나라에서도 유명인이 즐겨 마시는 술, 즐겨 입는 옷과 장신구에 사람들이 많은 관심을 가집니다. 다만 과거에는 주로 왕족이나 귀족들이 패션리더였다면 지금은 연예인이나 스포츠 스타들이 큰 비중을 차지한다는 차이가 있습니다. 인기드라마에서 여주인공이 착용한 옷이나 핸드백, 귀걸이 등이 시중에서 불티나게 팔리는 사례를 흔하게 볼 수 있습니다.

힙합패션, 더플코트 등
유행의 역류

● 대개 유행은 위에서 아래로 흐르지만 때로는 아래에서 위로 솟구치기도 합니다. 미국에서 시작된 힙합패션이 대표적입니다.

허리띠를 매지 않은 바지를 축 처지게 입는 일명 '똥싼바지'는 미국 교도소에서 유래되었습니다. 교도소에서는 사고방지를 위해 죄수들에게 허리띠를 주지 않았습니다. 허리띠로 목을 매달 수도 있고, 꼬아서 탈옥 도구로 쓸 수 있기 때문입니다. 죄수들은 어쩔 수 없이 바지를 엉덩이에 걸치고 엉기적거리고 다녔습니다. 죄수들은 출소해서 사회에 나와서도 교도소에서 입던 습관대로 허리띠 없이 엉거주춤하게 바지를 입고 다녔는데, 이것을 흑인 빈민가의 10대 청소년들이 따라했고, 1990년부터 힙합 열풍을 타고 세계적 유행이 되었습니다.

겨울철에 흔히 입는 더플코트Duffle coat도 하층민인 북해 어부의 작업복에서 출발해 격식 있는 외투로 올라섰습니다. 15세기 벨기에 앤트워크 부근 소도시인 더펠은 직조와 봉제가 발달한 곳입니다. 더펠산 모직물로 만들어 북해 어부들의 작업복으로 만든 외투가 있었습니다. 추운 바다에서 일하는 어부들에게 필요한 큼직한 모자가 달려 있고, 장갑 낀 손으로도 옷을 여밀 수 있게 단추가 아닌 토글동물뼈로 만들어 가죽끈에 거는 방식을 달았습니다. 그리고 주머니를 크게 만들어 일할 때 도구를 손쉽게 넣도록 했습니다. 이 따뜻하고 편한 바다 작업복은 훗날 큰 인기를 끌면서 '더플코트'로 불립니다.

더플코트는 영국에도 전파되어 귀족들이 사냥이나 낚시 등 야외활동을 할 때 입었으며, 1887년 런던의 의류상 존 파트리지가 영국해군의 보급물자로 더플코트를 본격적으로 납품하기 시작합니다. 제1차 세계대전까지 해군 수병용 작업복이었던 더플코트는 제2차 세계대전에서 영국군 최고지휘관 몽고메리 원수가 즐겨 입으면서 장교들도 따라 입기 시작합니다.

전쟁이 끝나고 군수품으로 보관하던 막대한 군용 더플코트가 민간에 풀리면서 1950~1960년대에 더블코트는 크게 유행합니다.

제1차 세계대전의 참호전에서 군복으로 지급된 개버딘 방수천의 트렌치코트Trench는 참호였던 바바리가 신사복 정장이 되었듯이, 더플코트도 제1차 세계대전 해군 작업복에서 신사복 정장에까지 편입되었습니다. 참고로 모자가 있으면서 신사복 정장으로 인정받는 유일한 옷이 더플코트입니다.

아기 이름 짓기의
유행과 변화

● 아기가 태어나면 부모는 이름을 고민합니다. 건강하게 잘 자라기를 바라는 좋은 뜻을 이름에 담는 마음은 동서고금을 막론하고 마찬가지입니다. 이름에도 당연히 유행이 있습니다.

미국의 경제학자인 롤랜드 프라이어는 이름 유행의 메커니즘을 체계적으로 분석했습니다. 1961년 이후 미국 캘리포니아에서 태어난 아이 1,600만 명에 대한 출생정보·이름·성별·거주지·우편번호·병원비·결제수단을 분석해서 아이 부모의 소득 수준과 이름 짓기의 중요한 패턴을 찾아냈습니다. 특정 이름이 고소득에 교육 수준이 높은 부모 사이에서 인기를 얻으면 사회경제적 지위의 사다리를 타고 내려가서 10년 정도 지나면 중간층으로, 또 10년이 지나면 저소득층 아이에게서 유행하는 패턴입니다.

고소득층에서 선호하는 이름이 중산층 이하로 퍼지면 차별화를 위해서 다른 이름을 발굴하는 과정이 반복되는 메커니즘입니다. 예를 들어 1980년대 고소득층에서 가장 인기 있던 여자아이 이름인 앰버와 헤더는 2000년대 저소득층 이름이고, 1990년대 부유층에서 가장 인기 있었던 이름인 로렌과 메디슨은 2000년대 중간소득층 이름이 되는 식으로, 유행하는 이름도 소득 기준으로 상류층에서 중류층, 그리고 하류층으로 일정 간격을 두고 순환하고 있습니다.

재미있는 점은 아이의 이름을 지을 때 유명한 사람이 아니라 근처에 사는 성공한 지인들의 이름을 따르고 있다는 것입니다. 부모들은 너무 가까운 사람들, 예를 들어 일가친척이나 친한 친구들이 쓰는 이름을 가로채고 싶어 하지 않기 때문에 관찰 가능한 거리에 있는 성공한 이웃들의 이름에 관심을 가진다는 사실입니다.

부모는 이런 방식으로 자녀들의 미래 성공을 기원합니다. 이름 자체가 아이의 운명에 큰 영향을 미치지 못할지라도 부모들의 기대로 인해 이름 유행의 메커니즘은 만들어집니다. 이 내용은 스티븐 레빗과 스티븐 더브너의 『괴짜경제학』에 자세히 소개되어 있습니다.

우리나라 이름은 한자로 짓는 데다 항렬을 지키는 것과 같은 제약이 많아서 유행에 민감하지는 않지만, 일정한 변화의 흐름은 있습니다. 과거에는 한자 이름을 짓다가 1990년대에는 한글 이름이 유행했고, 해외교류가 많아지면서 요즘은 해외에서도 쓸 수 있는 이름들이 인기를 끌고 있습니다. 최근에는 항렬에 얽매이지 않고 부르기 쉽고 듣기 좋은 이름을 선호하는 부모들이 많아져서 우리나라에서도 이름의 유행주기가 비교적 분명해지고 있습니다.

새로운 흐름의 형성과
전파의 경로

● 　　　　　사람들이 좋아하는 색깔, 옷에서 이름까지 새로운 흐름이 생겨나고 커지고 소멸하는 과정은 반복됩니다. 유행은 물처럼 높은 곳에서 낮은 곳으로 흐르지만 때때로 분수처럼 아래에서 위로 솟구치기도 합니다. 사회적 계층의 아래는 위를 바라보고 따라가고 위는 다시 도망가는 패턴입니다.

기업에서도 산업을 주도하는 선도 기업들을 여타 중하위 기업들이 쫓아가는 패턴들이 반복되면서 산업은 발전하고 변화합니다. 이러한 주기가 반복되는 가운데 새로운 기술이 출현하고 시장이 변화하는 변곡점을 맞아 때때로 순서가 뒤바뀌기도 합니다. 이러한 질서 변화를 촉발하는 혁신도 마찬가지입

혁신도 마찬가지입니다.
위에서 아래로 흘러내리다가
때때로 후발이 선발을 압도하며
판도가 변하고 산업이 발전합니다.

니다. 위에서 아래로 흘러내리다가 때때로 후발이 선발을 압도하는 경우가 생겨나면서 판도가 변하고 산업이 발전합니다.

● ● ●

대개 유행은 위에서 아래로 흘러내리지만 때때로 아래에서 위로 솟구치기도 합니다. 하물며 아기 이름을 짓는 데도 유행이 있습니다. 사람들이 좋아하는 색깔, 옷에서 이름까지 새로운 흐름이 생겨나고 커지고 소멸하는 과정이 반복됩니다. 기업에서도 산업을 주도하는 선도 기업들을 여타 중하위 기업들이 쫓아가는 패턴들이 반복되고 때때로 새로운 기술의 출현으로 판도가 변화하면서 산업은 발전합니다.

사의 찬미에서 BTS까지, K팝(Pop)으로 보는 근대화

18번 애창곡의 유래,
트로트의 원조

●   "18번 한 번 불러봐!" 노래방에서 애창곡을 청하는 말입니다. 가장 잘 부르고 자주 부르는 노래라면 당연히 1번이어야 하는데 18번이 된 이유는 무엇일까요? 여기에는 역사적 배경이 있습니다.

음악과 무용의 요소를 포함하는 일본의 전통연극인 가부키歌舞伎는 16세기 에도시대의 서민예술로 시작되어 발전합니다.

가부키의 초창기에 이치카와 단주로라는 배우가 스타로 부상합니다. 그가 1704년 무대에서 자객의 칼에 죽은 후에도 가문은 이름을 이어오며 지금까지 13대에 걸쳐 공연을 계속해 가부키 최대 명문가로 자리 잡았습니다.

가부키 대본인 교겐狂言이 이치카와 9세까지 대대로 전승되는 동안 인기 있고 작품성도 뛰어난 대표작 18편이 엄선되어 각각 18개의 오동나무 상자에 담겨 가보가 되었습니다. 이것이 가부키 공연에서도 주요 타이틀이 되었습니다. 상자 번호가 1~18번이라 자연스럽게 18번이 '가장 인기 있고 예술성 있는 가부키 공연'으로 불렸고 점차 '가장 뛰어난 장기'의 뜻으로 변모합니다.

우리나라에는 일제강점기에 '18번'이라는 단어가 전해지면서 '가장 즐기고 잘하는 장기'의 의미로 통용되었고, 지금은 국어사전에도 등재되었습니다. 앞으로는 가급적 '애창곡'이라고 하는 것이 좋겠습니다.

트로트의 원조는
일본일까, 한국일까?

● 　　　　　　가요 장르에 주로 어르신들이 즐겨 듣는 트로트가 있습니다. 1950년대까지 유행가의 주류였고, 지금도 끊임없이 신예 가수가 나오고 신곡이 취입되고 있습니

다. 2019년에도 TV조선이 방영한 트로트 오디션 개념의 프로그램 〈미스트롯〉이 인기몰이를 하면서 강한 생명력을 보여주었습니다.

우리나라가 서양식 음계를 본격적으로 접한 것은 19세기 말 기독교가 전래되면서 서양식 찬송가를 통해서입니다. 1870년 경부터 교회를 중심으로 보급되던 서양음악은 1910년경에는 이화학당, 배재학당 등에서 창가唱歌를 정규과목으로 편성하기에 이릅니다. 서양의 곡조에 가사를 붙여 부르는 노래가 한참 유행했습니다.

우리나라 최초의 대중가요 레코드는 1926년에 발매된 윤심덕의 〈사의 찬미〉입니다. 피아노를 배우는 초등학생들이 치는 〈다뉴브 강의 잔물결〉(이바노비치 작곡)에 가사를 붙였는데, 다행히 아직 녹음이 남아 있어서 지금도 들을 수 있습니다. 윤심덕은 1919년 우리나라 최초의 관비유학생으로 동경음악대학에서 공부한 엘리트였습니다. 동경에서 극작가 김우진과 연인이 되었는데, 그는 이미 결혼한 유부남이었습니다. 결국 두 사람은 1926년 현해탄에서 동반자살로 삶을 마감하는 비극의 주인공이 됩니다.

오늘날의 엔카를 확립시킨 사람은 고가 마사오입니다. 그는 후쿠오카 태생으로 7세 때 부친이 사망하고 형이 있는 조선으로 건너와서 성장기를 보냅니다. 선린상업학교와 메이지대학을 졸업한 후에, 1925년부터 활동을 시작해 1931년에 발표한 〈술은 눈물일까 탄식일까〉는 엔카의 비조로 인정받고 있습니다.

그는 성장기에 한국에서 접한 경기창·남도창·서도창 등의 한국 민요가락과 일본식 근대 가요인 엔카의 음계를 미국에서 들어온 폭스트로트fox trot 리듬을 변형해 새로운 양식을 선보였고, 이것이 우리나라의 트로트로 발전합니다. 1932년 발표된 이애리수의 〈황성옛터〉(왕평 작사, 전수린 작곡)가 최초의 트로트곡인데, 고가 마사오와 작곡가 전수린이 가까운 친구 사이였고 비슷한 연배끼리 서로 영향을 주고받았을 것으로 추측합니다.

트로트를 일본 엔카의 아류라고 폄하하는 왜색 논쟁도 있는데, 엄밀하게 말하면 엔카를 일본 고유의 것으로 보기도 어렵습니다. 고가 마사오는 부모가 한국인이었고, 성장기를 인천과 경성에서 보내면서 우리나라 민요의 영향을 많이 받았습니다. 일본 엔카의 여왕 미소라 히바리도 아버지가 한국인입니다. 1989년 그녀가 별세했을 때 장례식에 수십만 명이 모여들어 같은 해 히로히토 일왕의 국장보다 붐볐다고 합니다. '일본인 애창 100곡' 중 10곡이 그녀의 곡입니다.

1930년대에는 한국 트로트의 대부로 불리는 작곡가 손목인, 전수린, 김교성, 박시춘이 등장하고, 〈타향살이〉(고복수, 1934), 〈목포의 눈물〉(이난영, 1935), 〈눈물젖은 두만강〉(김정구, 1936), 〈애수의 소야곡〉(남인수, 1937) 등이 인기를 끌면서 트로트 시대를 엽니다. 이후 1960년대까지 트로트는 우리나라 대중가요의 주요 트렌드를 형성하며 수많은 가수와 히트곡을 탄생시킵니다.

미8군 무대를 통한
스탠더드 팝과 재즈와의 조우

• 1945년 8월 15일 해방은 우리나라 대중문화에도 전환점이 됩니다. 일본 일변도에서 탈피해 미국을 통한 서양문화 흡수가 본격적으로 시작됩니다. 1948년까지 3년간의 미군정 시대를 거치고 1950년 6·25전쟁 이후 미군이 주둔하면서 자연스럽게 미국 문화와 접촉하게 됩니다. 당시 세계 최강대국 미국은 선망의 대상이었습니다. 미국 이민이 꿈이었던 시절이라 "미국 가면 거지도 양주 마시고 양담배를 피니, 거지도 미국 거지는 좋겠다"라는 농담이 있었던 시절입니다.

미군 기지는 로마군 기지의 개념입니다. 로마군은 국외 주둔지 병사들의 현지화를 장려했습니다. 가족이 함께 생활할 수 있도록 부대 인근에 군 막사는 물론 병원과 학교, 휴양시설까지 갖추는 지역공동체 개념으로 기지를 건설합니다. 그래서 지금 오래된 유럽의 도시들은 로마군 기지에서 시작된 경우가 많습니다. 런던, 쾰른, 아를, 베오그라드 등이 그렇습니다. 미군도 국외 주둔지는 가족과 함께 가는 경우가 많기 때문에 부대 안에 병원, 학교, 스포츠 센터, 위락시설 등을 모두 수용하는 지역공동체 개념입니다. 우리나라 군 부대가 군대 막사와 기본 군사시설만 갖추는 것과는 기지의 개념이 다릅니다.

6·25전쟁이 끝나고 미군이 주둔하면서 생겨난 장교 클럽이나 하사관 클럽에 공연장이 만들어졌습니다. 한국에서 기본기가 있는 가수와 연주인을 선발해서 무대에서 공연하게 하고 급여를 지급하는 미8군 무대가 열린 것입니다. 관객층이 미군이기 때문에 자연스럽게 패티 페이지, 엘비스 프레슬리 등 스탠더드 팝과 루이 암스트롱 등의 재즈를 레퍼토리로 삼아서 연습하면서 자연스럽게 미국 대중음악과 접목됩니다. 우리나라에 주둔한 미군이 '8 미국군Eighth United States Army'이어서 미8군 무대라고 불렀습니다.

1950~1960년대 가난한 시절에 미8군 무대는 실력 있는 가수와 연주인들이 선망하는 신인 등용문이자 유일한 해외 진출 통로였습니다. 여기서 우리 가수들이 미국식 대중음악을 경험하고 훈련하면서 미래의 스타로 성장합니다. 패티김, 현미, 한명숙, 윤복희, 하춘화, 조용필, 신중현, 조영남, 최희준, 서수남이 그들입니다. 우리나라 재즈 1세대라고 하는 재즈싱어 박성연, 드러머 류복성, 피아니스트 신관웅, 트럼페터 강대관, 클라리넷 이동기 등도 모두 미8군 무대 출신들입니다.

미8군 무대는 1967년부터 월남전이 격화되고 미군들이 월남으로 이동하면서 쇠퇴하기 시작합니다. 1970년대부터는 TV가 보급되면서 연예인들은 자연스럽게 TV무대로 옮겨옵니다.

1970년대 포크송의 시대,
1980년대 밴드의 시대

● 1960년대 초반부터 시작된 경제 발전은 1970년대부터 성과를 거두기 시작해서 요즘 표현으로 살림살이가 나아졌습니다. 대도시와 공업단지로 사람들이 모여들면서 대중가요 시장도 급격히 커집니다. 이때 1960년대 말 미국 히피문화의 영향으로 밥 딜런, 피트 시거, 조안 바에즈, 제니스 조플린 등이 인기를 끌고, 우리나라에서도 '통기타와 생맥주' 세대의 상징인 포크송이 나타납니다. 송창식과 윤형주의 트윈폴리오, 김세환, 이장희, 이정선의 해바라기, 양희은, 한대수, 김민기가 그들입니다.

포크송은 통기타 반주에 소박한 멜로디와 함축적인 가사로 1970년대 젊은층의 문화 기저를 형성합니다. 1970년대를 대표하는 청춘영화인 하길종 감독의 〈바보들의 행진〉(1975), 이장호 감독의 〈별들의 고향〉(1974)에 사용된 음악들이 포크송입니다.

1980년대는 우리나라 대중가요가 다양해지고 깊어졌습니다. 1970년대까지는 트로트·번안가요·포크송 위주였습니다. 하지만 청소년 시절에 트로트가 아니라 팝송을 듣고 컸던 세대가 성인이 되면서 음악 소비층은 두터워지고 유형도 다양해졌습니다. 1980년 11월 컬러 TV 방송이 시작되었고, LP(아날로그)에서 CD(디지털)로 넘어갔으며, 휴대용 음악테이프 재생기인 소니의 워크맨이 출시되면서 음악 듣기가 편리해진 것도 대중음악의 저변이 확대된 배경입니다.

이 시절 대중음악은 트로트는 꾸준한 인기를 유지하는 가운데 록, 발라드, 댄스곡이 부상하며 다양해집니다. 송골매, 다섯손가락, 조용필, 김현식, 소방차, 한영애, 동물원, 들국화 등 당시 인기가수들을 보면 음악 장르의 다양화가 느껴집니다.

1990년대의 상징은 1992년 '서태지와 아이들'입니다. 이전에는 노래가 아닌 랩이 음악순위 프로그램의 1위를 한다는 자체가 상상하기 어려웠지만 〈난 알아요〉와 〈환상속의 그대〉로 우리나라 가요 역사의 지평을 활짝 열었습니다. 1990년대는 2000년대부터 시작된 K팝Pop의 기반이 완성된 시기입니다.

K팝은 근대화의 역사와
개방성의 융합

● 2000년대 들어 영화·드라마·음악 등 대중예술의 모든 분야에서 한류가 본격적으로 형성되고 글로

●

세상에
그냥 이루어지는 것은 없습니다.
모두 역사와 배경이
있게 마련입니다.

벌 시장에 진출하기 시작합니다. 싸이, 소녀시대가 상징하는 K팝의 인기는 그야말로 하늘을 찌를 듯합니다. 2019년에는 방탄소년단BTS이 전 세계적으로 인기몰이를 하고 있습니다. 전 세계에서 팬클럽이 만들어지고, K팝 가수 공연에 수만 명이 운집하고 있습니다. 나아가 K팝은 드라마·음식·패션·미용 등 K컬처Culture로 확장되고 있습니다.

세상에 그냥 이루어지는 것은 없습니다. 모두 역사와 배경이 있게 마련입니다. 오늘날 싸이, 소녀시대, BTS 등이 외국에서 공연하고 글로벌 스타로 인기를 누리는 현상 뒤에는 지난 100년에 걸쳐 진행된 근대화의 과정, 외국 문물과의 만남과 융합이 녹아들어 있습니다.

1930년대부터 발달한 우리나라 트로트에도 한국인 정서를 가진 일본인과 일제강점기 우리나라 작곡가들의 시대정신이 녹아 있습니다. 1945년 해방 이후 귀국한 우리나라 가수들의 해외 경험, 1953년 6·25전쟁 휴전 이후 미8군 무대를 통해서 흡수한 스탠더드 팝과 재즈, 1970년대의 포크송, 1980년대 이후 등장한 록밴드와 랩, 힙합 등이 각자 흐름을 만들고 또 서로 교류하면서 확대된 결과입니다.

1876년 강화도 조약으로 시작된 우리나라 근현대사 150년은 그야말로 힘든 시기였습니다. 식민지를 겪었고, 해방되었으나 다시 내전을 겪었습니다. 그러나 어려운 상황에서도 꾸준히 개방적으로 외부 문물을 받아들이고 재해석하고 재창조하는 과정을 거쳤습니다. 지난 100여 년의 세월 동안 어려운 여건에서도 노력하고 새로운 영역을 개척했던 가수와 연주인들에 힘입은 것입니다.

비단 음악뿐 아니라 모든 분야에서 오늘날의 번영과 풍요의 기반을 닦은 앞 세대를 살아간 사람들의 노력과 성취에 감사해야 한다고 생각합니다. 대중가요의 발전사에 우리나라 근대사의 단면이 압축되어 있습니다.

● ● ●

누구나 좋아하는 음악과 노래가 있습니다. 어르신들의 트로트, 베이비붐 세대의 7080, 청년층의 랩과 힙합입니다. 각 세대 성장기의 시대환경과 유행사조가 각인되어 있습니다. 21세기에 들어와 디지털 미디어 시대가 열리면서 K팝은 글로벌 트렌드로 발전하고 있습니다. 싸이, 소녀시대, BTS 등의 성취는 하늘에서 떨어진 것이 아니라 19세기 말부터 100년 이상의 시간을 거치면서 숙성되어온 결과물입니다. 즐기는 노래 한 곡에도 우리나라 문화의 개방과 융합, 발전의 과정이 응축되어 있습니다.

작은 밥상에 압축된
글로벌 경제와 비즈니스

안동간고등어
신작로와 근대화

●   안동간고등어는 염장한 고등어입니다.
바다가 없는 내륙인 경북 안동에서 손질해 염장한 고등어가
특산물이 된 사연은 물류가 어려웠던 시절 산골에서 생선을
맛보기 위해서 생겨난 고육책이었습니다. 생선은 쉽게 상하기
때문에 유통되기 어려운 품목입니다. 냉장시설이 없던 시절에
는 말린 생선만 유통되었습니다.

조선시대에는 외부침략을 우려해서 도로를 정비하지 않았습니다. 18세기 실학자인 박지원의 『북학의』에 보면, 도로가 좁고 수레가 없어 물자가 이동하지 못해 백성이 곤궁하다는 대목이 여러 군데 발견됩니다. 예를 들어 영동에는 꿀이 흔한데 소금은 없고, 산골에는 팥이 흔하지만 생선은 찾아보기 어려우니 도로를 닦아 물산을 유통시켜 백성들의 생활을 풍족하게 하자는 주장입니다. 바닷가에서 태어난 여자아이는 쌀 한 말을 못 먹고 시집가고, 산골에서 태어난 여자아이는 고등어 10마리도 못 먹고 시집간다고 했던 시절입니다.

100여 년 전인 일제강점기 초기 신작로新作路로 이름 붙여진 전국의 간선도로망이 정비되면서 안동간고등어가 태동합니다. 경북 영덕항에서 고등어를 수레에 싣고 신작로를 달려와서 안동에 도착해 내장을 손질하고 소금에 절여서 안동 인근의 산간 지역으로 팔려나간 것이 유래입니다. 그나마 신작로 덕분에 산골에서 염장고등어를 맛볼 수 있게 되었습니다.

신토불이 身土不二
선택이 아닌 운명

● "당신이 무엇을 먹었는지 말해 달라. 그러면 당신이 어떤 사람인지 알려주겠다." 1825년 프랑스의 장 앙텔므 브리야 사바랭이 『미식예찬』에서 쓴 유명한 문장입

니다. 영어로 "You are what you eat"으로 번역되고 우리에게는 '당신이 먹는 것이 곧 당신이다', '먹는 음식이 우리 몸을 구성하니 양질의 음식을 먹어야 한다' 정도로 해석됩니다.

하지만 당초 사바랭은 신분제 사회에서 먹는 음식을 보면 소속된 신분을 알 수 있다는 의미로 사용했습니다. 당시 쇠고기는 귀족이나 부호들이나 먹을 수 있었고 치즈, 과일, 음료의 종류도 신분에 따라 달랐습니다. 신분제가 해체된 지금은 경제력과 기호에 따라 먹는 음식이 결정됩니다. 하지만 일상적으로 먹는 음식에도 사회경제적·역사적 배경이 있음을 알 수 있습니다.

19세기까지 태어난 사람의 90%는 태어난 지역의 100km를 벗어나지 못하고 죽었습니다. 상인, 군인 등 특수한 직업이 아니면 다른 지역을 방문할 필요성이 없었고 또한 여행 자체가 돈이 많이 들고 위험했습니다. 이동의 기본인 교통, 숙박 등도 해결하기 어려웠기에 19세기 후반 철도가 보급되고서도 부유층이 아니면 여행은 어려웠습니다.

물자의 이동도 높은 비용이 들었습니다. 고대 세계부터 지중해 무역로로 동서양을 이어주는 실크로드 등이 있었으나 고가의 귀중품과 향신료 정도만 이동할 수 있었습니다. 이러한 상황에서 낮은 가격에 부피가 큰 식재료의 원거리 운송은 상상하기 어려웠습니다. 따라서 밥상에는 살고 있는 지역에서 생산되는 식재료로 만든 음식이 올라올 수밖에 없었습니다.

이처럼 일상 음식과 제사상 차림은 역사성이 내포되어 있습니다. 예를 들어 과거 동해안 영덕 근방에서 많이 잡히는 문어가 싱싱한 상태로 서울까지 운반되기는 불가능했습니다. 보부상들이 짊어지고 나르던 시대에 동해 남부 해안산 문어의 유통한계는 경북 내륙 지역이었습니다.

과거 상품경제가 발달하지 않고 물류망이 미비했던 시대에 밥상과 제사상은 직접 기른 식재료를 주종으로 하며 지역 장터에서 구할 수 있는 범위를 벗어날 수 없었습니다. 신토불이는 선택이 아니라 운명이었던 시절입니다. 그러나 전국 도로망이 확충되고 냉장물류망이 발달하면서 내륙에서 활어회도 즐기는 시대가 되었습니다.

식재료 국제무역
확산의 배경

●   경제학의 국제교역이론 관점에서 보면, 교역은 두 지역 간의 가격 차이가 이동 비용과 일치하는 선까지 일어납니다. 예를 들어 우리나라의 자동차가 100원이고, 일본의 자동차가 50원일 때, 두 지역 간 이동 비용이 50원을 넘지 않으면 우리나라의 자동차가 일본으로 운반되어 판매될 수 있습니다. 이동 거리가 멀수록 이동 비용이 높아지기 때문에 국제교역의 범위는 가격 차이와 이동 비용이 일치하는 선에서

결정됩니다.

농수산물은 조금 다른 측면이 있습니다. 공산품과는 달리 식품이기에 신선도를 유지해야 하고 값에 비해서는 부피가 크기에 물류비가 높습니다. 그래서 말린 과일이나 말린 생선 정도를 제외하고는 농수산물 국제무역이 극히 제한되었습니다. 그런데 1980년대부터 냉동·냉장기술이 발달하고 신선유통 비용이 낮아지면서 농수산물 국제유통의 기술적 기반이 마련되었습니다.

또한 미국-소련으로 세계를 반분하던 냉전이 종식되고, 글로벌 경제 통합이 진전되었습니다. 1970년대에는 소련산 보드카가 우리나라에 수입될 수 없었고, 우리나라의 라면이 소련으로 나갈 수도 없었습니다. 그러나 냉전이 끝나고 전 세계가 글로벌 경제로 통합되면서 공산품은 물론 농산품도 자유롭게 교역하는 시대가 되었습니다.

밥상에 압축된
글로벌 경제

● 　　　　오늘 밥상에 오른 음식들의 식재료에 지난 30여 년간 진행된 글로벌 경제가 압축되어 있습니다. 중국이나 동남아에서 잡은 조기, 도미 등에서 요즘은 아프리카 세네갈의 갈치, 북유럽 노르웨이의 고등어로 확대되었습니다.

호주산 쇠고기, 미국산 밀가루와 중국산 참깨 등도 들어오며, 튀김용 올리브유는 스페인이나 이탈리아, 그리스에서 온 수입품입니다. 식사를 마치고 후식으로 먹는 칠레산 포도, 브라질산 오렌지, 이란산 석류 등도 있습니다. 집에서 차리는 밥상뿐 아니라 식당에서도 원산지 표시가 의무화되어 있어 식재료의 산지를 표시하는데, 유심히 살펴보면 그야말로 만국박람회라는 생각이 듭니다.

다른 측면에서 농수산업도 경쟁의 범위가 글로벌 차원으로 확대되었음을 의미합니다. 우리나라 과수업자의 경쟁자는 국내 다른 과수업자뿐 아니라 지구 반대편인 칠레의 과수업자로 확대되었고, 남해안 양식업자의 경쟁자는 중국뿐 아니라 북유럽 노르웨이의 연어와 고등어 양식업자로 확대되었습니다.

김치와 K푸드 Food
입맛의 글로벌화

● 농수산물 교역이 활발해지면서 전 세계 소비자들의 입맛도 다양해지면서 동질화되고 있습니다. 우리나라 사람의 입맛도 세계의 다양한 음식을 소화할 수 있을 정도로 다양해졌는데, 이것도 동남아나 인도의 식재료를 우리나라로 가져올 수 있는 기반이 만들어졌기 때문입니다. 과거 해외여행이 어려웠던 시절에는 "김치 없으면 밥을 못 먹는다",

"외국 며칠 나갔는데 김치 못 먹어 혼났다"는 말이 무용담처럼 이야기되기도 했는데, 요즘은 우리나라에서도 동남아 음식, 이슬람 음식을 별식으로 먹는 정도로 바뀌었습니다.

우리나라가 10대 경제대국으로 올라서고 1인당 국민소득이 3만 달러 수준이 되면서 다른 나라 사람들이 우리나라에 대한 관심이 높아졌습니다. 입는 옷, 바르는 화장품, 듣는 음악, 먹는 음식 등이 모두 관심거리이고 유행을 만들고 산업으로 성장하기도 합니다. 물이 높은 곳에서 낮은 곳으로 흐르듯 유행도 마찬가지이기에 당연한 현상입니다.

우리나라 음식에 대해 높아진 관심은 우리나라 식재료의 수출이 늘어나고 외국에 있는 한식당들에 외국인 손님이 늘어나는 현상으로 연결됩니다. 프랑스의 와인, 스위스의 치즈, 스페인의 올리브유 등이 프리미엄 이미지를 가지듯이 우리나라의 김치와 된장, 간장도 고급 식재료와 음식으로 발전하고 있습니다. 20세기 후반에 진행된 우리나라의 성공적 산업화와 글로벌 경제화가 맞물려 나타난 현상입니다.

● ● ●

글로벌 경제란 관념적 차원이 아니라 매일 대하는 밥상에서도 접하는 현실이 되었습니다. 글로벌 디지털 시대에 글로벌 식재료로 만들어진 음식을 먹어서 몸을 유지하고, 글로벌 콘텐츠를 접하면서 지식을 확장시키는 시대입니다. 이 같은 현실에도 불구하고 때로는 글로벌 시대에 걸맞지 않는 편협하고 퇴행적인 사고방식으로 세상을 대하는 자가당착을 보입니다. 시대에 걸맞은 시각과 역량을 갖추어야 미래로 나아갈 수 있습니다.

프랑스의 위대한 문학이
영국 문화산업의 중심이 되다

정말 뛰어난 무비컬인

영화 〈레 미제라블〉

●   2013년 연말, 가족과 함께 영화 〈레 미
제라블Les Miserables〉을 관람했습니다. 빅토르 위고의 소설을
바탕으로 제작된 뮤지컬 자체가 워낙 잘 만든 것이지만, 뮤지
컬판을 원작으로 영화화한 무비컬moviecal이라 크게 기대하지
않았는데 기대 이상이었습니다.

휴 잭맨, 앤 해서웨이 등 쟁쟁한 주연 4명 이외에 가장 인상

깊었던 사람은 마리우스를 짝사랑하는 에포닌 역의 사만다 바크스였습니다. 뮤지컬 출연진 중에 유일하게 영화에도 출연한 실력파입니다.

1995년 뉴욕 브로드웨이에서 〈미스 사이공Miss Saigon〉과 〈레 미제라블〉 뮤지컬을 본 적이 있습니다. 가사를 정확하게 알아듣지 못하는데도 상당히 감동받았던 기억입니다. 특히 〈레 미제라블〉은 스토리가 익숙한 데다 아름다운 노래가 압권이었습니다. 2020년 초연 40주년을 맞아 2019년에는 프랑스 오리지널 팀이 우리나라 공연을 진행하기도 했습니다.

영국 문화산업의 중심이 된
프랑스의 콘텐츠

•   19세기 가장 위대한 프랑스 작가의 작품으로 가장 재미를 본 사람은 역설적으로 영국인 뮤지컬 제작자인 캐머런 매킨토시입니다. 1981년 〈캣츠〉, 1985년 〈레 미제라블〉, 1986년 〈오페라의 유령〉, 1989년 〈미스 사이공〉을 연이어 무대에 올려 공전의 히트를 친 인물입니다. 그는 영국 런던의 극장가인 웨스트엔드에서 흥행에 성공한 후 미국 뉴욕의 극장가인 브로드웨이에 진출했습니다.

매킨토시는 현재 재산이 1조 원이 넘고, 영국 왕실에서 기사 작위도 받았습니다. 오늘날 뮤지컬의 제왕으로 불리는 매킨토시가 연극으로 유명한 버밍엄대학과 브리스틀대학에 불합격했다는 일화도 흥미롭습니다. 입시에 실패한 매킨토시는 허접한 연극학원에 1년 다니다가 그마저도 집어치우고, 런던의 허름한 극장에서 일당 2천 원짜리 무대의 청소부로 사회생활을 시작했습니다.

흥미로운 점은 뮤지컬 〈레 미제라블〉의 오리지널이 프랑스 판이라는 사실입니다. 프랑스 작사가인 알랭 부빌이 각색해서 1980년 파리에서 처음 무대에 올렸습니다. 그는 런던에서 영국 소설가 찰스 디킨스의 작품 〈올리버 트위스트〉가 〈올리버 Oliver〉라는 뮤지컬로 만들어진 것을 보고 프랑스 문학작품으로 뮤지컬을 만들 아이디어를 떠올렸습니다. 부빌이 작곡가 클로드미셸 쇤베르그와 함께 만들어 무대에 올린 신생 뮤지컬은 100회 이상 공연을 하면서 흥행에도 성공했습니다.

매킨토시는 1983년 프랑스판 앨범을 듣고 성공 가능성을 예감하고 영어판을 제작합니다. 1985년 10월 8일 런던 바비칸 극장에서 초연 후 현재까지 1만 회 넘게 롱런하고 있고, 브로드웨이에서도 1만 회 이상 공연되고 있습니다. 매킨토시는 2012년판 무비컬 〈레 미제라블〉에도 공동 제작자로 참여했습니다. 결과적으로 프랑스 콘텐츠가 영국 문화산업의 원재료가 된 것인데, 재주는 프랑스 예술가들이 넘고 돈은 영국인 매킨토시가 챙겨간다고 프랑스에서는 심사가 복잡하다고 합니다.

•

고전이나 명작이란
시대를 뛰어넘는 보편성을
가지고 있으며, 시대에 따라
재해석되고 재창조됩니다.

혁명의 시대를 그려낸
대문호 빅토르 위고

●   프랑스의 대문호 빅토르 위고의 소설 『레 미제라블』은 1862년 출간되었습니다. 빵 한 조각을 훔친 죄로 19년간 감옥살이를 하며 '24601'이라는 수인번호로 불렸던 장발장의 삶을 축으로 혁명의 시대였던 19세기 프랑스 사회를 그렸습니다.

학창시절 동화로 한 번쯤 접하는 유명한 작품이지만, 사실 5권에 이르는 완역본을 읽어본 사람은 별로 없습니다. 축약이나 각색이 아닌 '무삭제판'을 처음 접한 사람은 2번 놀란다고 합니다. 첫째로는 방대한 양에 놀라고, 둘째로는 장발장의 이야기가 3분의 1가량에 불과해서입니다.

무엇보다 빅토르 위고는 명작이자 대작을 집필한 거장이면서, 양심과 신념에 따라서 행동하는 지식인이었습니다.

고전이나 명작의
현대적 재창조

●   고전이나 명작이란 시대를 뛰어넘는 보편성을 가지고 있으며, 시대에 따라 재해석되고 재창조됩니다. 소설『레 미제라블』도 마찬가지입니다. 특히 1862년 초판본에 수록된 에밀 바야르가 그린 삽화의 예술성으로도 유명

합니다. 코제트를 그린 펜화는 뮤지컬 포스터에 사용되어 '레 미제라블' 하면 떠오르는 대표 이미지입니다.

무비컬 〈레 미제라블〉은 영국의 경쟁력 있는 문화산업의 규모와 가능성을 말해주고 있습니다. 산업혁명 이후 제조업의 압도적 경쟁력을 기반으로 18~19세기 세계를 호령했던 영국은 1945년 제2차 세계대전이 끝난 후 쇠퇴기에 접어들었습니다. 자동차·전자·섬유 등 주요 제조업이 위축되었지만 금융·법률·교육·음악·공연 등 서비스업에서 고유의 경쟁력을 되살려 강국으로서의 위상을 회복했습니다.

1960년대 비틀즈부터 시작된 대중음악에서 해리포터 시리즈의 조앤 롤링까지 음악과 예술에서 중심적 위치를 잃지 않고 전 세계로부터 많은 돈을 벌어들이고 있습니다. 〈레 미제라블〉 역시 프랑스 오리지널이 영국의 공연기획자를 만나서 글로벌 히트 상품으로 재창조되었습니다. 국가와 산업의 흥망성쇠와 혁신을 통한 재창조의 사례를 〈레 미제라블〉이 웅변합니다.

● ● ●

무비컬 〈레 미제라블〉은 우리나라뿐 아니라 전 세계에서 엄청난 인기를 끌었습니다. 19세기 가장 위대한 프랑스 작가의 작품으로 가장 재미를 본 사람은 역설적으로 영국인 뮤지컬 제작자인 캐머런 매킨토시입니다. 결과적으로 프랑스 콘텐츠가 영국 문화산업의 간판 상품이 된 것입니다. 무비컬 〈레 미제라블〉은 영국의 경쟁력 있는 문화산업의 규모와 가능성을 말해주고 있습니다.

약자는 절박함이,
강자는 겸손함이 필요하다

약자와 강자의 자리 바꿈,

소니와 삼성

●　　　　　　　한국전쟁의 영웅 백선엽 육군대장은
전쟁을 이끄는 지휘관에 대해 다음과 같이 회고합니다.

전쟁이란 무엇일까? 몇 마디의 말로는 결코 정의하기 어려
운 것이 전쟁이다. 보는 이의 시각에 따라서 그 답은 여러
가지로 나올 수 있다. 그러나 전쟁을 직접 이끄는 지휘관의

입장에서는 반드시 상대를 꺾어야 하는 싸움일 뿐이다. 패전은 이루 다 말할 수 없는 참혹함을 안긴다. 이끄는 장병들의 목숨, 수많은 장비와 물자를 잃는 것은 그렇다 치더라도 내가 지켜야 하는 나라의 산하山河마저 잃는다. 따라서 장수는 반드시 이기는 길을 택해야 한다.

1950년 6월 북한의 남침으로 발발한 6·25전쟁은 초반에 낙동강 전선까지 밀렸다가 9월 인천상륙작전으로 전황을 뒤집고 압록강까지 진격했습니다. 그러나 중공군의 개입으로 다시 서울 이남으로 후퇴하는 일진일퇴一進一退의 격전이었습니다. 당시 한국군의 상급 지휘관으로 주요 전투의 현장에 있었던 백 장군은 누구보다 전쟁의 참혹함을 겪었지만 또한 승리와 패배의 엄중함도 실감했습니다.

전쟁에서 승패는 병가지상사兵家之常事, 즉 '흔히 일어나는 일'이라고 합니다만 특히 결정적 전투의 패배는 공동체의 존폐와 직결됩니다. 기업도 마찬가지입니다. 시장과 고객을 두고 경쟁하는 산업생태계에서 이기고 지는 것은 일상적이지만 결정적 순간의 승패는 운명을 결정합니다.

또 한 번 이겼다고 계속 이긴다는 보장이 없습니다. 특히 게임의 룰이 바뀌는 순간에 강자와 약자가 뒤집힌다는 사실을 직시하고 강자일수록 항상 긴장하고 대비해야 합니다. 반면 약자는 강한 상대방의 급소를 노리고 게임의 룰을 바꾸어 이기는 방법을 찾아내는 것이 핵심입니다.

제가 생각하는 가장 극적인 사례는 '소니와 삼성'입니다. 2005년 『소니는 왜 삼성전자와 손을 잡았나』라는 책을 냈을 때만 해도 가전시장의 강자 소니가 약자 삼성과 제휴했다는 사실 자체가 놀라운 뉴스였습니다. 1990년대 초반 소니에 OEM주문자상표 부착 생산으로 브라운관 TV를 납품하던 하청업체였던 삼성과 LCD패널 생산을 위한 합작공장을 세웠습니다. 1993년 삼성이 신경영을 주창하면서 "소니를 따라잡자"라고 했을 때 믿는 사람은 별로 없었습니다. 1960년대부터 40여 년간 세계 TV시장의 절대지존이었던 소니였지만, 지금 전 세계 TV시장은 우리나라의 삼성과 LG가 주도하고 있습니다. 이렇듯 약자가 강자가 될 수 있었던 이유는 산업변화의 변곡점에서 게임의 새로운 룰을 따라갔기 때문입니다.

궁하면 변하게 되고,
변하면 통하게 된다

● 　　　　20세기의 가장 대규모이자 극적인 전쟁은 제2차 세계대전입니다. 1940년 5월 10일 독일군이 프랑스 국경을 침공한 지 불과 1개월 만인 6월 14일 파리를 함락하고, 6월 22일 오랜 숙적인 프랑스에 항복을 받은 것은 그야말로 경이적인 승리였습니다.

프랑스는 전통적으로 유럽대륙의 맹주였고 육군강국이었습니다. 독일은 1918년 제1차 세계대전 패배 이후 사실상 무장해제된 상태였고, 독재자 히틀러가 1935년 재무장에 나섰지만 준비기간은 짧았습니다.

그런데 도대체 독일에 무슨 일이 있었던 것일까요? 핵심은 궁즉통窮則通입니다. 『주역』의 변화철학을 풀어서 이야기하면 '궁즉변窮則變 변즉통變則通'으로 '궁하면 변하게 되고 변하면 통하게 된다'라는 것이지요. 이는 무기와 전술의 양 측면에서 나타납니다.

최신식 무기로 무장한
최강 독일군대의 탄생

● 　　　　　　독일은 제1차 세계대전 패전으로 인해 베르사유 조약에서 가혹한 배상 조건과 엄격한 군비축소 조항을 지켜야 하는 입장이었습니다. 독일의 육군병력은 10만 명으로 제한되고 전차·장갑차·중기관총·독가스를 일체 보유하지 못합니다. 또한 해군병력은 1만 5천 명, 전함 6척, 순양함 6척, 구축한 12척, 어뢰정 12척에 총 보유톤 수는 10만 톤으로 제한되고, 공군은 아예 금지되었습니다.

시간이 흐르면서 잠수함 보유가 허용되는 등 일부가 완화되지만 공군은 1935년 재군비를 선언할 때까지 전무했습니

●

게임의 룰이 바뀌는 순간에
강자와 약자가 뒤집힌다는
사실을 직시하고
강자일수록 항상 긴장하고
대비해야 합니다.

다. 독일은 육군 10만 명을 모두 장교와 하사관으로 운용하고 전차와 대포는 모형을 만들어 훈련했고, 비행클럽 창설을 지원해서 유사시 공군조종사로 양성하는 편법을 사용했습니다. 그러나 전체적인 군사력은 열세일 수밖에 없었습니다.

하지만 독일의 재무장을 막기 위해 연합국이 독일의 무기체계에 여러 제약을 가한 것이 궁즉통으로 작용해서 오히려 최신식 무기로 무장한 최강 독일군대를 탄생시키는 역설적 결과를 가져옵니다.

독일은 수상함 보유가 제약받자 대규모의 잠수함 부대를 육성합니다. 어차피 수상함끼리의 정면승부가 어려우니 비대칭 전력인 잠수함으로 승부를 걸었습니다. 이는 실제로 엄청난 전과를 거두면서 전쟁 초기에 U보트의 활약으로 영국은 보급로를 위협받았습니다.

또한 중重기관총 보유의 제약이 MG34라는 명품 경輕기관총을 탄생시킵니다. 성능이 뛰어나고 가벼워서 휴대할 수 있고 내구성이 좋았던 MG34를 대량생산에 적합하도록 개량한 MG42는 독일 보병의 핵심전력이 되었습니다. MG42를 기반으로 개발한 MG3는 현재의 독일군이 제식장비로 운용하고 있을 정도로 탁월한 성능이었습니다. 또한 대포 보유가 제한되자 대포와 기동력을 결합한 탱크에 집중했고 나아가 V2로켓을 개발했습니다.

전격전이라는 새 전술로
프랑스의 마지노선을 뚫다

●   그래도 열세인 군사력을 극복하기 위
해 독일은 두 번째 궁즉통으로 전격전電擊戰, Blitzkreig 전술을
개발합니다. 이는 제1차 세계대전 참호전에서 벗어나 항공
기·탱크·보병을 유기적으로 결합하는 기동전의 개념이었습니
다. 항공기가 적진을 타격하고 탱크가 전선을 돌파해 후방으
로 우회해서 전선을 무너뜨리면 마지막 단계로 보병이 제압하
는 전술입니다.

프랑스는 제1차 세계대전 이후 육군장관 앙드레 마지노의
제안으로 독일 국경에 일종의 영구 참호인 마지노선Maginot line
을 구축합니다. 수백 킬로미터 길이의 요새에서 보병들이 보
급 없이 수개월을 머물며 전투할 수 있는 난공불락의 요새였
습니다. 독일군의 기존 전력으로는 결코 돌파할 수 없었기에
이를 극복하기 위한 전격전 개념이 생겨났고, 실제로 마지노선
은 공중을 통한 공격과 우회에 대한 방어 개념은 없는 제1차
세계대전 참호의 연장에 불과했습니다.

1940년 개전 1개월 만에 프랑스 파리가 함락되었을 당시 연
합군과 독일군의 군사력은 외견상 대등했습니다. 영국·프랑
스 연합군은 기갑 3천 대, 야포 1만 1,200문, 항공기 1,200대,
보병 136개 사단이었고, 독일군은 기갑 2,400대, 야포 7,700문,
항공기 1천 대, 보병 136개 사단으로 숫자상 막상막하의 전력

이었습니다. 하지만 결과는 독일의 압승이었습니다.

　독일의 전격전은 20세기 초반 급격히 발전한 기계공학이 적용된 항공기, 탱크의 기동성을 활용한 스피드의 개념을 담은 반면, 프랑스는 기관총을 거치한 참호에 전력을 분산시키는 과거 전투의 개념에 머물러 있었습니다. 보병부대의 기동성을 증가시키는 대표적 장비인 탱크의 경우, 독일은 탱크여단을 별도로 운용해 전선 돌파의 주축으로 삼은 반면, 프랑스는 같은 대수의 탱크를 각 보병대대에 분산 배치함으로서 탱크 특유의 기동성을 살리지 못했습니다. 결과적으로 프랑스군은 힘 한 번 못 써보고 처참히 깨지고 맙니다. 프랑스의 자랑이었던 마지노선은 기술과 장비의 발달로 환경이 급변하는 와중에 과거 개념에 매몰되어 실패한 대표적 사례로 남았습니다.

　전격전의 핵심은 '보병-포병-전차-항공'의 개별 전력을 종합 전력의 개념으로 묶고 기동성을 결합해 전투력을 극대화한 것입니다. 즉 상대방과 똑같이 보병 100명, 대포 10문, 탱크 10대, 전투기 10대라도 각각 따로 놀지 않고 전체 전력으로 운영하고 기동성으로 파괴력을 극대화하는 것입니다. '전투력=화력×스피드'에서 특히 스피드를 높인 것이죠.

　물리학에서 에너지는 질량과 속도의 승수입니다. 같은 1톤의 자동차라도 시속 50km일 때보다 100km로 달리다 부딪히면 더 큰 사고가 나는 것입니다. 전격전과 같은 맥락이죠. 1990년 정보혁명 이후 기업에서도 '속도경영, 스피드경영'을 강조하는 것은 컴퓨터와 인터넷이 보급되면서 산업 순환주기가 단축되고 기업의 부침도 빨라지기 때문입니다.

베트남의 붉은 나폴레옹,
보 구엔 지압의 전술

● 　　　　　　공산 월맹군 총사령관과 국방장관을 역임한 보 구엔 지압은 제2차 세계대전 후 프랑스가 다시 베트남을 점령하려던 1954년 5월 디엔 비엔 푸에서 프랑스 군대를 포위 섬멸해버립니다. 이는 식민지 군대가 종주국 군대를 이긴 최초의 전투였습니다.

월맹군은 1960년대에 연인원 50만 명에 최첨단 무기로 무장한 미군을 상대해 소총과 수류탄 수준의 빈약한 장비로 게릴라전을 벌여 미군을 철수시켰습니다. 남부 월남군은 북부 월맹군에 비해 2배의 병력과 탱크, 3배의 대포, 1,400대의 항공기를 보유하고 있었지만 패배했고 1975년 4월 월남은 패망했습니다.

뒤이어 1979년 지압의 군대는 베트남 북부 국경을 침공한 중공군 5개 사단 10만 명에게 완승합니다. 당시 중공군은 정예병력을 투입한 반면 월맹군은 주력이 남부 캄보디아에 있어 궁여지책으로 예비군과 민병대를 동원한 열세에도 불구하고 거둔 승리였습니다.

그는 "결전결승決戰決勝, 전쟁을 결행하면 승리를 결심해야 한다", "무기도 중요하나 사람이란 인적 요소, 정치적 요소가 결정적 역할을 한다"라는 신념으로 승리의 요체를 전쟁의지의 관리에 두었고, 상대방의 전의戰意를 꺾는 데 우선 집중했습니다.

1968년 1월 설날테트 공세는 지압식 전쟁의 정점이었습니다. 남부에 조직된 공산 베트콩과 연계한 월맹군은 월남의 주요 시설을 동시 공격했습니다. 사이공현 호찌민의 미국 대사관은 일시 점령당했지만, 미군에게 금세 제압당하고 3만여 명이 전사했습니다. 지압의 작전은 군사적으로는 실패했지만 미국의 전쟁의지를 꺾는 데는 성공합니다.

미국 TV에 방영된 전쟁의 참상은 미국 사회에 충격을 주면서 반전여론이 확산되고 국론은 분열되었습니다. 미국은 군사적으로 승리했지만 전쟁의지를 상실하기 시작했습니다. 지압은 "테트 공세를 군사적 측면에서만 거론하는 것은 틀렸다. 정치적이고 동시에 외교적인 공세다. 우리는 적을 섬멸할 수 없다. 하지만 미국의 전쟁의지를 없앨 수 있다고 판단했다. 그게 테트 공세의 목표이자 이유다"라고 회고했습니다.

1954년 과거 식민지 종주국 프랑스와 전쟁이 시작될 때 월맹 정치지도자 호찌민은 코끼리와 메뚜기의 싸움으로 규정했습니다. 호찌민은 "우리는 오늘 코끼리와 싸우는 메뚜기다. 하지만 내일 우리는 코끼리의 내장을 가를 것이다"라고 선언하며 메뚜기 군대 지휘관으로 지압을 임명했습니다.

메뚜기는 짧은 거리지만 잘 뛰어 달아났고, 코끼리는 몸집과 달리 메뚜기를 밟아 죽이지 못했습니다. 10년 후 두 번째 코끼리 미국을 메뚜기 월맹군이 격퇴했고, 다시 10년 후 세 번째 코끼리 중공군을 메뚜기 월맹군이 작살내버렸습니다. 투철한 전투의지와 기존 개념을 뛰어넘는 전략전술로 그는 20세기에 프랑스, 미국, 중공의 정규군을 상대한 전면전에서 모두 이기는 기록을 남겼습니다.

지압 전략의 원칙은 3가지로 압축됩니다. '작은 것小으로 큰 것大을 이긴다. 적음少으로 많음多과 맞선다. 질質로 양量을 이긴다.' 그 실천 전술로 3불三不 지침을 예하 지휘관들에게 내렸습니다. "적이 원하는 시간을 피하고, 적에게 낯익은 장소를 멀리하고, 적이 익숙한 방법으론 싸우지 않는다." 또한 지휘관은 '적극성·주도·활력·창조·전격'의 5가지로 상황을 장악해야 한다고 강조합니다.

아무리 무기가 좋아도
중요한 것은 전략과 의지

• 　　　　　　아무리 무기가 좋아도 싸우려는 투지와 이기려는 의지가 없으면 무용지물입니다. 전투지휘관들이 가장 중시하는 것이 어떠한 상황에서도 전투의지를 유지하는 것이라고 합니다. 일반 조직에서도 마찬가지입니다. 소위 학

벌 좋고 스펙 좋은 사람들이 모인 조직도 의지가 부족하면 지리멸렬하는 경우는 흔히 봅니다. 즉 조직역량은 힘과 의지의 승수입니다. 리더십의 요체는 힘과 의지를 관리해 목표를 달성함에 있습니다.

CIA 부국장과 조지타운대 교수를 역임한 정치학자 레이 클라인의 국력방정식Formula for Measuring National Power이 있습니다. 국력은 인구·영토·경제력·군사력 등의 하드 파워와 전략·의지라는 소프트 파워를 곱해 측정합니다. 핵심은 곱셈에 있습니다. 하드 파워가 아무리 강해도 소프트 파워가 0이면 전체는 0입니다. 하드 파워는 0이 될 수 없지만, 소프트 파워는 0으로 수렴이 가능합니다. 그렇다고 소프트 파워만 강조하는 리더는 자격미달입니다. 역량 있는 리더라면 하드 파워를 충실히 준비하면서 소프트 파워를 극대화할 것입니다.

레이 클라인의 국력방정식

$$P = (C+E+M) \times (S+W)$$

P = perceived power (국력)

C = critical mass = population + territory (인구, 영토)

E = economic capability (경제력)

M = military capability (군사력)

S = strategic purpose (전략)

W= will to pursue national strategy (의지)

●

조직역량은
힘과 의지의 승수입니다.
리더십의 요체는
힘과 의지를 관리해
목표를 달성함에 있습니다.

중무장 거인 골리앗과
경무장 소년 다윗

● 　　　　　약자가 예상을 깨고 강자를 이긴 가장
유명한 이야기는『구약성경』에 나오는 다윗과 골리앗입니다.
기원전 11세기 이스라엘 왕국과 크레타섬 출신의 블레셋 사람
들이 팔레스타인에서 싸움을 벌입니다. 양 진영의 대표 장수
가 나서서 승부를 가리는데, 블레셋에서는 청동투구에 전신갑
옷을 두른 210cm의 골리앗이 나섰고, 이스라엘에서는 형들에
게 음식을 가져다주러 온 베들레헴의 양치기 소년 다윗이 출
전합니다.

　모두 아시는 대로 예상을 깨고 다윗이 이깁니다. 다윗은 민
첩하게 움직이며 돌멩이를 골리앗의 이마를 향해 날렸고, 명
중한 거인은 쓰러져 기절합니다. 다윗은 달려가서 칼로 적의
목을 칩니다.

　'만 시간의 법칙'으로 유명한 말콤 글래드웰은『다윗과 골리
앗』에서 골리앗은 말단비대증을 앓는 중무장 보병이었고, 다
윗은 잘 훈련된 투석병이었다는 가설로 접근합니다. 실제로는
"칼로 무장한 청동기 시대의 전사(골리앗)가 45구경 자동 권총
을 가진 적(다윗)과 맞선 것과 마찬가지"였고, 거인의 장점을
소년의 스피드로 무력화시킨 신개념 전력의 승리로 끝났다는
것입니다.

　물론 약자는 위태롭습니다. 전략적 옵션도 적을뿐더러 그

옵션은 대부분 어렵고 힘든 것들입니다. 강자로서는 시도조차 하지 않는 방안이지만, 약자의 절박한 상황과 필사적인 노력이 그것을 가능하게 합니다. 물러설 곳이 없는 약자는 강자의 구도를 과감히 깨고, 대담한 시도를 감행합니다. 그리고 이를 성공시키면서 새로운 국면을 만들어낸다는 것입니다.

말콤 글래드웰은 한 인터뷰에서 "세상은 거대한 골리앗이 아니라 상처받은 다윗에 의해 발전한다"라고 갈파합니다. 흠결이 있고 부족한 약자들이 결정적인 순간에 커다란 에너지를 분출하고 세상을 바꾼다는 것입니다.

약자는 절박해야 하고
강자는 겸손해야 한다

● "빈천은 근검을 낳고, 근검은 부귀를 낳고, 부귀는 교사驕奢, 교만과 사치를 낳고, 교사는 음일淫逸, 방종과 나태을 낳고, 음일은 다시 빈천을 낳는다."

20세기 전반 중국에서 후흑학厚黑學을 주창한 이종오의 부친이 말년에 애지중지하며 읽었던 3권의 책 중 한 권인『귀심요람歸心要覽』에 나오는 구절입니다. 그는 이 구절을 애송하고 자식들에게 교훈으로 삼았습니다. 빈자가 부자가 되고, 부자가 다시 빈자가 되는 인생유전의 핵심이 바로 이 짧은 구절에 압축되어 있습니다. 오늘의 주제로 변주하면 약자가 강자가 되고 다시 약자가 되는 순환원리입니다.

빈천하다고 근검하기도 어렵지만, 부귀한 자가 교만하거나 사치하지 않는 것은 더욱 어렵습니다. 교만의 핵심은 풍요로운 삶의 조건을 당연히 여기고 앞으로도 유지될 것으로 믿는다는 것입니다. 달리 말하면 오늘날의 풍요가 자신의 능력이 아니라 빈천했던 앞선 세대들의 근검에서 비롯되었다는 점을 망각하는 데 있습니다.

어제에 대한 망각이 오늘의 교만을 낳고 내일의 빈천으로 이어지는 것은 당연한 수순입니다. 따라서 자수성가로 부귀해진 집안의 가장이 자식들에게 물려주어야 할 가장 중요한 유산은 빈천했던 시절 근검의 정신입니다. 수많은 재산도 유지할 능력이 없으면 한순간의 물거품이고, 반대로 재산이 없어도 올바른 정신을 물려주면 자식들은 나름대로 앞길을 헤쳐 나가게 마련입니다.

기업도 마찬가지입니다. 기업 수명이 30년을 넘기기 어려운 것은 세상이 변하는 탓도 있지만, 성공이 주는 교만에 빠지기 때문입니다. 빈천한 태생의 창업주는 근검하게 사업을 일구면서 자연스럽게 내공이 쌓이지만 아들과 손자 세대는 다릅니다. 빈천과 근검의 결과물인 재산은 물려받았지만, 재산의 원천이 된 빈천과 근검의 정신을 이어받지 못한 후계자는 부족한 내공으로 조직의 수장이 됩니다.

특히 유족한 환경에서 좋은 교육을 받고 성장한 3세, 4세는

●

물러설 곳이 없는 약자는
강자의 구도를 과감히 깨고,
대담한 시도를 감행합니다.

지식과 경력은 화려하지만, 비즈니스의 핵심인 승부 세계에서 냉혹함과 철저함은 갖추지 못한 경우가 허다합니다. 교만에 넘쳐 세상을 만만하게 보고 덤벼들어 어설프게 행동하다가 다시 빈천으로 돌아가는 사례는 주변에도 흘러넘칩니다.

강한 군대의 필요조건은 우월한 장비이지만 충분조건은 지휘관의 역량과 조직원의 전쟁의지입니다. 즉 물질적 조건과 정신적 의지의 결합이 전체 전투력이 되는 것이죠. 개인의 인생도 마찬가지입니다. 부귀의 재산이 있으면 좋겠지만 빈천의 정신을 이어받지 못하면 물거품입니다.

● ● ●

게임의 룰이 바뀌는 순간에 강자와 약자가 뒤집힌다는 사실을 직시하고 강자일수록 긴장하고 대비해야 합니다. 약자는 강한 상대방의 급소를 노리고 게임의 룰을 바꾸어 이기는 방법을 찾아내는 것이 핵심입니다. 열세인 군사력을 극복했던 독일군과, 강대국들과의 싸움에서 이긴 베트남의 보 구엔 지압의 전술에서 다윗의 생존법을 배울 수 있습니다. 약자는 절박해야 하고 강자는 겸손해야 합니다.

로마의 멸망 원인을 둘러싼 일반화의 오류가 비롯된 배경

정교한 논리의 황당한 오류,
제논의 역설

●   '제논의 패러독스Zenon's Paradoxes'라는 논리학 명제가 있습니다. 요즘은 초등학생 학습서에도 나오는 유명한 질문입니다. 그리스의 철학자 제논은 "마라톤의 영웅인 아킬레우스와 거북이가 달리기를 해도 거북이가 아킬레우스보다 앞서서 출발하면 아킬레우스는 영원히 거북이를 따라잡을 수가 없다"라고 주장합니다. 아킬레우스가 10m를 따

라붙으면 거북이는 1m를 전진하고, 전자가 또 1m를 전진하면 후자는 10cm, 전자가 또 10cm를 따라붙으면 후자는 1cm 전진하는 식으로 영원히 따라잡을 수 없다는 논리입니다.

실제로는 아킬레우스가 거북이를 따라잡을 수 있습니다. 시간 변수를 감안하지 않아 생겨난 착각입니다. 아킬레우스와 거북이가 멈추지 않고 계속해서 달리기를 한다면, 언젠가는 아킬레스가 거북이를 추월합니다. 이 패러독스는 아킬레우스가 거북이를 추월하기 직전까지로 한정한 것이 오류입니다. 이처럼 중요한 요소를 감안하지 않았을 때는 제논의 패러독스처럼 아무리 미시적 논리가 정밀하더라도 비현실적인 결론이 도출됩니다.

"우리나라에 사는 쥐는 몇 마리일까? 3일 이내에 알아보자"는 엉뚱한 질문을 던져보겠습니다. 정확한 해답은 없더라도 합리적 추론을 통해서 의사결정의 근거를 도출해야 하는 상황을 전제합니다. 접근방법은 다양합니다. 우리나라를 도시·농촌·어촌 등 유형별로 나누어 샘플조사를 진행해서 추정하거나, 쥐를 먹이로 하는 고양이 숫자를 파악하는 방법도 생각해 볼 수 있습니다.

개인적으로 접했던 가장 탁월한 답은 "우리나라에서 가장 큰 쥐약회사를 찾아가서, 그 회사가 상정하고 있는 쥐 마릿수를 알아오겠다"였습니다. 쥐에 대해서 평소에 가장 관심을 가지고 있는 사람에게 물어본다는 접근입니다. 비록 논리적 정교함은 부족할지라도 문제의 본질에 대한 접근에서는 탁월합니다. 세상만사가 직간접으로 연관되어 있지만, 상호연관의 경중을 파악하고 본질을 이해하는 것이 바로 통찰력입니다.

천년제국 로마가
멸망한 이유

●   천년제국 로마(기원전 753~기원후 476)가 멸망한 이유로 여러 가지를 듭니다. 먼저 목욕을 좋아해서 호화로운 대규모의 목욕탕을 만들어 즐겼기에 대량의 연료가 필요했던 것이 원인이 되었다는 견해입니다. 이 연료를 조달하기 위해 무리하게 산림을 벌채하다가 산림이 줄어들고 결과적으로 농토가 황폐해져서 농민들의 생활이 곤란해지고 사회가 불안정해져서 망했다는 시각입니다.

납중독을 들기도 합니다. 로마의 도시는 수로를 통해서 교외의 물을 공급받았습니다. 그런데 이 수도관이 납으로 되어 있었다고 합니다. 또 로마의 귀족은 은식기, 평민은 납식기를 주로 사용했는데 여기서 납중독이 생겨났고, 로마인들의 체력과 정신력이 떨어져서 결국 패망했다는 분석입니다.

또 다른 이유를 들기도 합니다. 로마인들은 카이사르(기원전 100~44)에 이은 아우구스투스(기원전 63~기원후 14)부터 200여 년간 서양역사상 전무후무한 제국의 평화, 즉 팍스 로마나Pax

196

Romana의 시기를 맞습니다. 이때 방탕하고 사치스러운 풍조가 유행하고 도덕적으로 타락해 결과적으로 사회의 건강성이 무너져서 패망에 이르렀다는 주장입니다.

게르만족의 이동은 4세기 말엽에 흑해 연안에 살던 게르만 계통의 서고트족이 아시아에서 침입해온 훈족匈奴族의 압박으로 서쪽으로 이동하면서 200여 년 동안 연쇄적으로 게르만 계열 부족의 서진이 일어났고, 로마 국경을 침범하는 게르만 부족들과의 전쟁으로 말미암아 멸망했다는 것입니다.

목욕탕론과 납중독론은 '일반화의 오류'입니다. 즉 현상의 단면만 보고 원인을 무리하게 추론하고 판단하는 오류입니다. 로마인들이 대형 목욕탕을 호화롭게 짓고 대규모로 연료를 소비한 것은 역사적 사실입니다. 하지만 땔감 사용을 멸망의 주요 원인으로 인과관계를 설정하기는 무리가 있습니다.

로마는 도로 인프라가 우수하고 시장경제가 발달했습니다. 브리타니아英國에서 시리아에 이르는 전 영역의 자원을 활용할 수 있는 체제여서 터키의 특산품이 프랑스, 영국에서 사용되는 것이 일상적이었습니다. 국지적 연료부족은 발생할 수 있어도 체제가 멸망할 정도로 심각해지기는 어려운 구조입니다.

로마의 수도水道는 돌로 만든 물길을 따라 교외에서 시내까지 물을 끌어온 뒤 마지막 단계에서 납관을 통과하는 구조였습니다. 수십 미터의 납관을 통과하는 동안 물이 납에 오염되기는 어렵습니다. 납으로 만든 식기가 문제였다고 하는데, 로마가 멸망한 이후에도 납식기는 오랫동안 사용되었습니다.

다음으로 방탕하고 사치스러운 풍조는 주로 기독교 계통의 시각입니다. 로마제국의 변방인 유대지방에서 태동해 수도인 로마로 진출해 세계성을 확보하고 로마제국의 쇠퇴기에 세력을 확대한 성격상 로마제국의 도덕적 타락을 강조해 자신들 종교의 정당성을 확보하려는 것은 당연합니다.

물론 어떤 나라든 말기에 이르면 여러 가지로 흐트러지게 마련이고 로마도 예외는 아니었습니다. 그러나 이것은 원인과 결과를 혼동할 수 있는 사례입니다. 기독교 전성기였던 중세 후반과 르네상스 초반 교회의 타락은 로마 못지않았습니다. 결혼이 금지된 성직자의 고위직에 있는 교황과 추기경, 주교들이 공공연하게 사실혼 관계에 있고 자식들에게 막대한 재산을 상속하기까지 합니다.

게르만족의 이동은 중요한 원인입니다. 연쇄적인 이동이 로마 국경을 압박하고, 군사적 충돌이 빈번해지면서 로마는 급격히 약화되었습니다. 하지만 이 정도의 군사적 긴장은 로마에 일상적이었습니다. 융성기에는 충분히 대처할 수 있었겠지만 쇠퇴기에는 무리였던 것이죠. 역사적으로 외침에 의해서 망하는 국가는 기실 이미 내부적으로 약화되고 있었던 상황에 외침이 겹친 경우가 대부분입니다.

거론된 원인들은 나름대로 타당성이 있고, 더 많은 이유를 들 수도 있습니다. 대제국 로마가 멸망한 이유는 한두 가지가 아니라 여러 요인이 복합된 결과이겠죠. 하지만 각자가 중요하게 생각하는 요인은 입장과 관점에 따라 다르다는 점이 드러납니다. 수십 가지, 수백 가지가 모두 일정 부분 영향을 미쳤다 하더라도 가장 중요하고 핵심적인 이유를 추출해내는 것이 학문이자 과학입니다. 그리고 여기에는 객관적이고 합리적인 관점과 세계관의 뒷받침이 필요합니다.

『로마인 이야기』의 저자 시오노 나나미는 "로마의 멸망은 한 순간에 일어난 일이 아니라 오랜 기간 서서히 무너져 내렸다고 볼 수 있다. 흡사 우리가 병에 걸리면 서서히 면역력이 떨어지고 증상이 천천히 나타나는 것과 같다. 분명한 것은 멸망 원인이 한 가지가 아니라는 점이다. 그리고 어떤 나라도 영원히 지속되지는 않는다. 변화를 늘 직시하는 것은 인간의 한계를 알게 해주는 것일지 모른다"라고 정리합니다.

모자 장수가 사람을 보는 시각, MECE

● 대학입시 논술로 자주 출제되는 '모자 장수' 이야기를 해보겠습니다.

모자 장수는 자기가 정말 흥미를 갖는 문제, 즉 모자와 머리의 문제에 대해 내게 이야기를 꺼냈다. "크기로 말하면,

●

수십, 수백 가지가 모두
일정 부분 영향을 미쳤다 하더라도
가장 중요하고 핵심적인 이유를
추출해내는 것이
학문이자 과학입니다.

참 놀랄 만큼 차이가 심합니다. 저희는 변호사들과 거래가 많습니다만, 그분들의 머리 치수는 놀랄 지경입니다. 손님도 놀라실 겁니다. 아마 그분들의 머리가 그렇게 커지는 것은 생각할 일이 많기 때문이 아닐까요?"

우리는 제각기 자기만의 창을 통해 인생을 들여다보는 버릇이 있다. 지금 본 것은 모자의 치수를 통해 온 세상을 들여다보는 사람의 경우였다. 그는 존스가 7인치 2분의 1을 쓴다 해서 그를 존경하고, 스미스는 6인치 4분의 3밖에 안 되어서 무시한다.

모자 장수는 머리 크기로 사람들의 자질과 능력을 판단합니다. 나름대로 경험의 소산이지만 객관적 진실과는 거리가 있습니다.

우리는 모두 각자의 창문window으로 세상을 봅니다. 노란색 창문, 파란색 창문, 초록색 창문 등 세상을 보는 창문에 따라 색깔과 모양이 달라집니다. 요즘 표현으로 프레임frame입니다. 프레임은 상황을 단순화시키고 효율적인 사고에 도움이 되지만 만들어진 프레임의 크기와 모양으로만 세상을 보는 한계를 가집니다. 창문을 통해서 바깥세상의 전부를 볼 수 없듯이, 프레임을 통해서 받아들이는 것이 모두 진실일 수는 없습니다. 즉 프레임을 통해서 채색되고 왜곡된 세상을 경험할 수 있는 위험성이 있습니다.

그렇다고 프레임 자체가 없이 세상을 보는 것도 사실상 불가능합니다. 그래서 사람들은 모두 자신이 하는 일이 가장 중요하다고 생각합니다. 변호사는 법, 의사는 의술, 종교인은 신앙, 군인은 무력이 세상을 유지시키는 가장 근본이라고 믿고 주장하는 것은 당연합니다. 누구나 자신의 경험과 지식, 관점에 따라 세상을 볼 수밖에 없기 때문입니다. 다만 나름대로의 객관적인 태도를 유지하면서 끊임없이 자신의 관점에 의문을 던지고 성찰하는 태도가 있는지에 따라 차이는 있습니다.

'MECE Mutually Exclusive and Collectively Exhaustive, 상호배제와 전체포괄'라는 용어를 들어본 적이 있을 겁니다. 영어권에서 '미씨'라고 발음하는 이 단어는 사안의 분석적 접근에서는 기본입니다. '겹치지 않으면서 빠짐없이 나눈 것'으로 항목들이 상호 배타적이면서, 모였을 때는 완전히 전체를 이루는 것을 의미합니다. 물론 세상만사를 칼로 무를 자르듯이 MECE로 나눌 수는 없지만, 이런 접근방법은 애매모호한 회색지대를 사전적으로 검토하고 최소화하게 해주는 효력은 있습니다.

다음으로 주요 항목의 추출은 수많은 요인과 상호관계 중에서 핵심을 짚어내는 것입니다. '문제가 100가지가 있다'라는 분석은 사실상 '나는 모르겠다'라는 것입니다. '문제가 100가지인데 가장 중요한 것은 3가지가 있다. 3가지를 해결하면 문제가 근본적으로 해결된다'가 합리적이고 현실적인 입장입니다.

이해관계의 사슬에서는
입장을 파악해야 한다

● 　　　　　　　통상적으로 사람들이 문제를 객관적으로 보지 못하고 주관적으로 보는 오류에 빠지게 되는 이유는 무엇일까요? 이는 자신이 알고 있는 일부의 사실을 전체로 확대하는 '일반화의 오류'와 '이해관계의 사슬'에 묶여 있기 때문입니다.

일반화의 오류는 앞에서 설명했습니다. 이해관계의 사슬은 자기 이익의 입장에서 세상을 해석하기 때문에 생겨납니다. 사람들은 각자 나름대로 정연한 논리를 세워서 정당성을 역설하지만, 결국 핵심은 이해관계에 있습니다. 자신과 무관한 사안에 대해서는 비교적 객관적으로 냉정을 유지하는 사람들도 막상 자신의 이익이 관련된 사안에 대해서는 예외 없이 이익을 대변합니다. 세상에 똑똑한 사람은 많지만 용기 있는 사람은 드물고, 나아가 자신의 이해관계에 초연할 수 있는 사람은 사실상 없습니다.

인간들이 모여 만든 공동체는 이런 속성을 강력하게 가집니다. 다른 존재를 위하는 이타적인 성향도 인간을 비롯한 다른 동식물에서 나타나지만, 이 역시 집단 전체의 생존에 이익이 되는 방향의 진화가 만들어낸 것입니다. 이기심의 극복이 개인 차원에서는 예외적으로 가능할 수도 있으나, 집단 차원에서는 불가능합니다. 개인적으로 이해관계에 비교적 담담하던 사람들도 집단이 되면 달라지는 이유는 개인과 집단의 이기심은 차원이 다르기 때문입니다. 소위 종교단체들이 이익을 취하기 위해 벌이는 이전투구泥田鬪狗가 세속의 이익단체를 능가함을 자주 경험합니다.

결국 개인과 조직의 역학관계를 이해하는 핵심은 대의명분이 아니라 이해관계가 핵심입니다. 논리는 입장에 종속되고, 입장에 따라 논리는 만들어집니다. 유리하면 정의이고, 불리하면 불의입니다. 같은 남녀관계라도 '내가 하면 로맨스, 남이 하면 불륜'이라는 이야기가 그냥 나오는 것이 아닙니다. 거창한 명분은 통상 거대한 이익과 연결되어 있습니다. 따라서 논리logic보다 이해관계interest를 파악해야 본질이 보이고 적절한 대응책을 만들 수 있습니다.

세상살이의 기본은 객관적인 사실관계와 인과관계를 파악하고, 문제를 해결하기 위한 방안을 마련하는 것입니다. 그러나 객관성을 유지하기란 쉽지 않습니다. 사실관계의 파악도 쉽지는 않지만, 원인과 결과의 인과관계는 그야말로 이해관계의 틀 속에서는 파악하기도 어렵고, 설사 파악했다고 하더라도 왜곡되기 때문입니다. 따라서 우리는 세상을 대할 때 일반화의 오류에 빠지지 않고, 이해관계의 사슬에서 벗어나 객관성을 유지하려는 자세를 기본으로 갖추어야 할 것입니다.

●●●

중요한 요소를 감안하지 않았을 때는 제논의 패러독스처럼 미시적 논리가 비록 정밀하더라도 비현실적인 결론이 도출됩니다. 로마의 멸망 이유로 드는 목욕탕, 납중독, 게르만족의 이동 등은 역사적 사실이긴 하지만 직접적인 원인은 아닙니다. 로마가 멸망한 이유는 한두 가지가 아니라 여러 요인이 복합된 결과입니다. 자신이 아는 일부의 사실을 전체로 확대하는 '일반화의 오류'와 '이해관계의 사슬'에서 벗어나야 합니다.

시간은 강물과 같습니다. 평온하게 흐르다가 때로는 격류로 돌변하고 방향을 전환합니다. 역사에서 격변이 일어나고 질서가 재편되는 전환기가 생겨나는 시기입니다. 평범한 개인의 삶도 영향을 받게 마련입니다.

21세기는 아날로그 구질서가 붕괴되고 디지털 신질서가 수립되는 격변기입니다. 기존 생각의 틀을 벗어나야 새로운 시대의 가능성이 보일 것입니다. 미래를 읽고 올바른 방향으로 나아가게 하는 통찰력이 필요한 시대입니다.

PART 4

생각의 틀을 깨는
통찰의 방식

초밥·디지털·김밥의 관건은 재고관리

초밥의 출발은
길거리 음식

●   '일본 음식' 하면 떠오르는 대표 음식은 바로 생선회와 초밥입니다. 생선을 날것으로 먹는다고 미개인 취급하던 서양인들이 오히려 그 맛에 반해버렸고, 이제 생선회와 초밥은 세계 어디를 가나 최고급 요리로 자리 잡았습니다.

현재 우리가 즐기는 초밥의 출발은 150여 년 전 도쿠가와 막부의 수도 에도교토의 길거리 음식입니다. 막부가 안정화되면서 에도에는 물자와 사람이 모이고 자연히 대형 건축공사도 많아졌습니다. 전국에서 몰려든 인부들이 간단하게 요기할 수 있는 먹거리로 우동과 초밥이 발달한 것입니다.

에도의 길거리 음식은 우동 한 그릇에 주먹밥 1개 정도의 기본 식단이었던 간편식에서 주먹밥이 점차 다양한 초밥으로 발전합니다. 제2차 세계대전 이후 일본이 경제발전을 이루면서 초밥과 생선회는 전 세계로 퍼져나갔고, 우리나라에서도 초밥집을 흔히 볼 수 있게 되었습니다.

초밥집 운영의 관건은
남는 생선

•　　　　　　저의 지인 중에 초밥집을 운영하는 사람이 있습니다. 그런데 운영에 가장 어려운 점은 '재고관리'라고 합니다. 식당의 특성상 매출이 들쭉날쭉하는 것은 어쩔 수 없는데, 일식집은 재료인 생선 횟감을 오래 보관하기 어렵기 때문에 원가 부담이 크다는 것이죠. 아무리 고급 생선 횟감이라도 며칠만 지나면 쓰레기에 불과해집니다.

그래서 일식집은 앞으로 남고 뒤로 깨지기 쉽다고 합니다. 소위 재고의 진부화 속도가 엄청 빠릅니다. 쌀, 김치, 치즈는 팔다 남으면 다음 날 팔면 되지만 생선회는 남으면 하루 이틀만 지나도 신선도가 떨어져 상품성이 급격히 낮아집니다.

초밥과 디지털 제품의
핵심은 속도

● 　　　　　　정도의 차이는 있지만 모든 비즈니스의 핵심은 매출·재고·이윤의 관리입니다. 특히 재고는 성장기보다 불황기에, 산업 순환주기가 빨라질수록 중요성이 커집니다. 먼저 성장기에는 재고를 안고 있어도 시간이 지나면 팔리게 마련입니다. 인플레이션 때문에 묵은 재고도 돈이 되는 경우가 많습니다.

이런 이유로 1980~1990년대 고도성장기에는 우리나라 기업들이 재고 개념이 별로 없었습니다. 일단 생산하면 시차는 있어도 결국 팔리게 마련이었기 때문입니다. 또한 오래된 악성재고를 처분하거나 폐기하면 판매손실이 장부에 계상되어 손실이 발생합니다. 이를 감수하고 재고를 정리하기는 쉽지 않습니다. 그래서 재고를 떠안고 있다가 이익이 많이 나는 적정한 시점에 일시에 처분하는 사례가 많았습니다. 그나마 성장기였기에 가능했던 이야기입니다.

그러나 불황기 혹은 경제성숙기가 되면 달라집니다. 재고는 시간이 지나도 재고입니다. 또한 재고는 결국 돈이 잠겨 있는 것이기 때문에 현금 흐름을 악화시킵니다. 기술이 발달하고 경쟁이 치열해 신제품 출시 주기가 빨라질수록 자칫 재고는 순식간에 처치 곤란한 쓰레기가 됩니다.

1997년 IMF 금융위기 때 삼성전자 역시 위기를 느꼈습니

•

정도의 차이는 있지만
모든 비즈니스의 핵심은
매출·재고·이윤의 관리입니다.

다. 특히 장부상 자산으로 등재된 재고를 평가해보니 대부분 가치가 없었고, 그나마 재고량도 장부와 맞지 않았습니다. 당시 삼성전자 윤종용 부회장은 재고 문제를 지적하면서 유명한 말을 남겼습니다. "초밥이든 휴대전화든 부패되기 쉬운 상품의 핵심은 속도다. 고가의 생선도 하루 이틀이면 가격이 내려가듯이 횟집이나 디지털 업계나 재고는 불리하다. 속도가 전부다."

삼성전자에서 김밥 판매사원을
벤치마킹한 배경

●   몇 년 전 국내 모 학회가 주최하는 세미나에 참석했습니다. 삼성전자 마케팅 부문 임원의 강연이 있었습니다. 강연에서는 특히 각 사업 부문에서 정기적으로 재고 현황을 파악하고 관리하는 부분이 인상적이었습니다. 글로벌 최고 수준으로 물류망과 재고를 관리하는 것으로 정평이 난 회사가 지속적으로 재고에 대해 전사적全社的인 혁신을 지속하고 있는 것입니다.

IMF 직후 회사의 사활을 걸고 재고관리의 개선 특명이 떨어졌을 당시 마케팅 본부의 주요 인력이 대형 할인마트의 김밥 코너에 가서 판매와 재고의 상관관계를 며칠씩 관찰했다고 합니다. 김밥도 팔다가 남으면 폐기해야 합니다. 그래서 김밥 코너 판매사원들은 오후 5시가 넘어가면 당일 매출을 예상해서 만드는 김밥 개수를 조절하기 시작하고, 오후 7시가 넘어가면 남은 김밥들의 할인mark down을 연쇄적으로 진행해 당일 재고를 최소화하고 재고처리에 따른 손실을 줄입니다.

삼성전자 마케팅 부서의 직원들이 실제로 대형 할인마트 김밥 판매사원만큼 재고를 고민하고 있는지 직접 보고 느끼라는 의도였다는 후문입니다. 대형 할인마트의 김밥 코너를 벤치마킹할 정도로 기본부터 다시 시작해 대대적으로 글로벌 SCMSupply Chain Management을 추진하면서 재고관리의 수준을 높였고, 오늘날 삼성전자가 글로벌 대표기업으로 도약한 핵심 경쟁력의 하나가 되었습니다.

전문서비스 사업의
재고는 무엇일까?

•   당시 강연을 들으면서 전문서비스 사업(법률·회계·연구개발·컨설팅 등)을 생각해보았습니다. 불황기를 맞고 있고, 산업 순환주기도 빨라지는 상황에서 재고란 어떤 의미인가 말입니다.

제조업의 재고는 계획생산량과 시장판매량의 차이입니다. 재고 중 재공품은 현재 공장에서 생산되고 있는 것이죠. 반면에 전문서비스업의 특성상 재고를 창고에 쌓아둘 수 없기 때문에 계획생산이란 시장 수요를 예측하고 인력 규모를 유지하는 것입니다. 인력 규모와 시장 판매량의 차이가 재고입니다. 다시 말해 '재고=100%-가동률'인 것인데, 가동률Utilization Rate이 65%면 재고는 35%로 볼 수 있습니다. 생산량과 판매량의 차이가 커져서 재고관리에 실패한 제조기업처럼 전문서비스 회사도 인력 규모와 인력가동률의 균형을 잡는 정교한 관리에 실패하면 어려움에 빠지게 됩니다.

1980년대부터 시작된 정보화 혁명으로 IT기술이 적용되면서 제조업의 재고관리 수준은 비약적으로 상승했습니다. 전세계 공장에서 생산되고 창고에 보관되어 있는 제품들을 거의 실시간으로 파악하고 있습니다. 반면 전문서비스업은 인력이 시간을 투입해서 산출물을 만들어내는 특성상 공정과 재고관리의 수준 향상에 한계가 있습니다.

하지만 전문서비스업도 효율성을 확보하지 않으면 생존이 어려운 것은 당연합니다. 이런 측면에서 적정한 인력 규모의 유지와 각 개인의 철저한 시간관리를 기반으로 조금 더 체계적으로 재고를 관리해야 할 필요성이 높아지고 있습니다.

●●●

초밥집 운영에서 가장 어려운 점은 재고관리입니다. 생선 횟감을 오래 보관하기 어렵기 때문에 재고의 진부화 속도가 엄청 빠릅니다. 초밥이든 휴대전화든 부패되고 도태되기 쉬운 상품의 핵심은 속도이고 재고관리입니다. 모든 비즈니스의 핵심은 매출, 판매, 재고, 현금흐름, 이윤의 관리입니다. 특히 전문서비스업은 적정한 인력 규모의 유지와 각 개인의 철저한 시간관리를 기반으로 좀 더 체계적으로 재고를 관리해야 합니다.

고대 그리스와 헤겔의 시간, 철도산업과 시테크

크로노스와 카이로스,
객관적 시간과 주관적 시간

•   시간과 공간은 인간의 삶을 규정하는 기본 조건으로 시공간을 초월하는 인간은 존재하지 않습니다. 인간은 누구나 시간의 함수인 생로병사를 피할 수 없는 숙명에 처해 있으며, 공간적 제약을 벗어날 수 없습니다. 문명의 발달로 활동공간은 늘어났다고 하지만 어디까지나 지구표면의 개념입니다. 그나마 공간은 눈에 보이는 실체이지만 추

상적 관념인 시간에 대한 사고방식은 문명과 시대의 특성으로 이어집니다. 유사 이래 시간은 늘 존재해왔지만 시간에 대한 인간들의 생각은 바뀌어왔습니다.

철학적 사유를 발달시켰던 고대 그리스인들은 시간을 크로노스Cronos와 카이로스Kairos로 구분했습니다. 그리스 신화에 나오는 최초의 신 중 하나로 제우스의 아버지 크로노스는 물리적으로 흘러가는 객관적 시간입니다. 즉 시계와 달력상에 나타나는 측정되는 시간으로 인간과는 분리된 절대적 '양'의 개념입니다. 카이로스는 제우스의 아들로 기회의 신으로 불렸는데, 특정 의미가 부여된 주관적인 시간입니다. 인간이 현실에서 참여해 만들어내는 상대적 '질'의 개념입니다.

크로노스는 하루, 한 달, 1년, 100년처럼 객관적으로 흘러가지만 카이로스는 사건별로 진행되며, 천천히 가기도 하고 급속히 흐르기도 하며, 때로는 거꾸로도 흐릅니다. 카이로스의 100년이 크로노스에게는 특별한 의미가 없을 수도 있고, 반면 격변기에는 카이로스의 1년이 크로노스에게는 이후 수백 년에 버금가는 중요한 시기이기도 합니다.

역사에서의 시간 개념은 크로노스입니다. 객관적으로 주어진 시간에 인간들이 참여하고 상호작용으로 만들어가는 사건들의 연속과 그 결과물들이 역사이기 때문입니다. 쉽게 표현해 우리나라 역사 교과서 중에서 수백 년의 시간이 단 몇 줄로 요약되는 경우도 있고, 불과 몇 년의 짧은 시간이 수십 페이지에 걸쳐 설명되는 경우가 이런 사례입니다. 개인 차원에서도 3년의 시간이 특별한 의미가 없이 흘러갈 수 있고, 인생에서 특정한 3일이 전체 삶의 분기점이 되기도 합니다.

시간은 흘러가지만
모두가 다르게 느낀다

●   '시간' 하면 떠오르는 소설이 있습니다. 독일 작가 미하엘 엔데가 1973년에 쓴 어른용 동화 『모모』입니다. 이 책은 "시간을 훔치는 도둑과, 그 도둑이 훔쳐간 시간을 찾아주는 한 소녀에 대한 이상한 이야기"라는 길지만 내용을 정확하게 설명하는 부제가 달려 있는데 우리나라에서도 출간되어 좋은 평가를 받았습니다.

1978년 대학가요제에서 김만준이 〈모모〉라는 노래로 입상했고, 1979년 〈모모는 철부지〉라는 영화로도 제작되는 등 인기를 모았습니다. 지금은 할아버지가 된 전영록이 청춘 아이돌로 나오고, 중년 배우가 된 이미숙의 데뷔작이었는데, '죽기 전에 꼭 봐야 할 한국영화 1001'에 포함되어 있을 정도로 나름 잘 만든 청춘영화였습니다. 저도 대학시절 『모모』를 재미있게 읽었던 기억이 생생합니다. 특히 시간의 상대성을 통찰하는 대목이 아직 떠오릅니다.

시간을 재기 위해서 달력과 시계가 있지만, 그것은 그다지 의미가 없다. 누구나 알고 있듯이 한 시간은 계속되는 영겁과 같을 수도 있고, 찰나와 같을 수도 있기 때문이다. 그것은 이 한 시간 동안 우리가 무엇을 겪는가에 달려 있다. 시간은 삶이며, 삶은 우리 마음속에 있는 것이니까.

2005년 인기드라마 〈내 이름은 김삼순〉에서 주인공이 열심히 읽으면서 다시 주목받은 『모모』는 지금도 스테디셀러로 꾸준히 사랑받고 있습니다.

본능으로 움직이는
동물들에게는 시간이 없다

●   철학적이고 추상적인 '시간' 개념과 관련해 떠오르는 사람은 헤겔입니다. 제가 대학을 다니던 1980년대 초반은 소위 '이념의 시대'로서 마르크스와 헤겔류의 책들이 유행했습니다. 당시 어쭙잖게 읽었던 헤겔 관련 책 중에 지금도 기억하는 문장이 2개 있습니다.

"미네르바의 부엉이는 황혼 무렵에 날개를 편다"라는 헤겔의 문장은 너무나도 유명합니다. 후일 마르크스가 다시 인용하면서 서양철학사에 중요한 명제를 던진 문장이죠.

또 하나는 "동물들에게는 시간이 없다"라는 문장입니다. 역사를 절대정신의 구현과 확장이라는 개념으로 이해했던 헤겔의 관점에서, 본능으로 움직이는 동물들은 단순한 생존만 반복하기에 시간이 존재하지 않는다고 생각했습니다. 인간에게만 시간이 있다는 의미인데, 그리스 사람들이 카이로스를 진정한 시간으로 인정한 것과 마찬가지 맥락입니다.

근대적 시간은
철도와 함께 시작되었다

●   철학적이고 추상적인 시간의 개념은 이처럼 오래전부터 있어 왔지만, 근대 경영의 관점에서 시간의 개념은 19세기 철도의 역사와 함께 시작됩니다. 철도시대 이전에도 기업은 있었고, 시간을 관리했습니다. 그러나 철도가 나오면서 이야기가 달라집니다.

과거에는 체계적이고 정교하게 표준시간을 서로 설정하지 않고 대충 정해도 전혀 문제가 없었습니다. 그러나 철도망이 발달하고 레일 위를 달리는 기차들이 서로 충돌하지 않고, 정확하게 운행되기 위해서는 뉴욕·보스턴·시카고가 동일한 표준시간을 맞추어야 합니다. 즉 철도시대가 되면 10분의 오차가 대형사고로 이어지기에 시간을 정확하게 관리해야 할 필요성이 생겨났고, 이것이 근대 경영의 기본 개념이 되었다는 것이 경영학의 대가 피터 드러커의 관점입니다.

"측정할 수 없는 것은
관리할 수 없고,
관리할 수 없는 것은
개선할 수 없다."

김구 선생의 『백범 일지』를 읽으면서 시간에 대해 흥미로웠던 부분이 있습니다. 젊은 시절 황해도에 살던 백범이 멀리 떨어진 친구가 보고 싶어서 며칠을 걸어서 당도했는데, 친구가 마침 다른 먼 곳에 출타 중이었습니다. 백범은 친구를 보름 동안 기다리다 결국 만나지 못하고 아쉽게 집으로 다시 돌아온다는 대목입니다.

미리 연락을 할 방법이 없으니 옛날에는 이렇게 살았습니다. 그러니 시간 개념을 '한 식경(배불리 먹고 나서 다시 배고플 즈음의 시간 간격이니 사실 배꼽시계라는 뜻이죠)', '한나절' 정도로 나누었습니다. 하지만 전통적으로 시간에 대해 너그러웠던 우리나라에서도 철도가 도입되고 근대화가 진행되면서 시간의 개념이 달라집니다.

시테크란 단어가 있습니다. 1990년대 초반에 유행했는데, 당시 일본에서 건너왔던 '재테크'라는 단어를 약간 변용했습니다. 예를 들어 기업의 시간 원가를 분석하면 임원의 1분은 500원, 과장의 1분은 250원, 대리는 150원으로 산정하고, 10분 동안 커피를 마시면서 노닥거리면 수천 원이 깨지고 결국 원가경쟁력 하락으로 이어진다는 내용이었습니다.

"시간이 돈이다"라는 시테크의 슬로건은 마침 조직원들의 시간개념이 부족해 골머리를 앓던 기업, 특히 제조업에서 대환영을 받았습니다.

시간의 측정·관리·개선은
비즈니스의 기본

•   근대 산업화가 시작되면서 '시간이 자
원'이라는 개념이 생겨났습니다. '시테크'라는 단어가 나타내
듯 이제는 시간을 조금 더 효율적으로 관리하고 효과적으로
집중하는 것이 테크놀로지가 되었습니다. 제조업도 그러할진
대 전문서비스 산업은 말할 것도 없습니다.

과거 미국에서 친구인 변호사와 전화통화를 10분 했는데,
상담 청구서가 날아와서 야박한 놈들이라고 욕했다는 일화들
이 많았습니다. 하지만 이는 당연한 것이고, 이제는 우리나라
도 마찬가지가 되었습니다.

피터 드러커는 "측정할 수 없는 것은 관리할 수 없고, 관리
할 수 없는 것은 개선할 수 없다"라는 경영학의 유명한 명제
를 남겼습니다. 마찬가지로 기업을 포함해 어떤 조직에서나
시간을 정확하게 측정하고 관리하고 개선하는 것은 모든 활
동의 근간입니다.

• • •

철학적 사유를 발달시켰던 고대 그리스인들은 시간을 객관적 시간인
크로노스와 주관적 시간인 카이로스로 구분했습니다. 헤겔은 "동
물들에게는 시간이 없다"라는 문장을 남겼습니다. 근대 경영의 관점

에서 시간의 개념은 19세기 철도의 역사와 함께 시작됩니다. 이제는 기업을 포함해 어떤 조직에서나 시간을 정확하게 측정하고 관리하고 개선하는 것은 모든 활동의 근간입니다.

개별화로 지식과 정보의 격차가 사라지고 있다

수천 년간의 지식 확장은
곧 책의 역사

●   "기계는 당신 팔의 확장이다. TV는 당신 눈의 확장이다. 컴퓨터는 당신 뇌의 확장이다. 우리는 당신 꿈의 확장이다Machine is the extension of your Arm. TV is the extension of your Eyes. Computer is the extension of your Brain. We are the extension of your Vision."

대우그룹이 세계경영으로 한창 잘나가던 시절, 외국방송에 나오던 그룹 광고의 문구입니다. 20세기 후반 캐나다의 저명한 미디어 학자인 마샬 맥루한이 『미디어의 이해』에서 미디어를 "인간의 확장Extensions of Man"으로 파악한 것과 같은 맥락입니다. 미국 샌프란시스코 컴퓨터 역사 박물관 입구에는 "우리는 도구를 만들고, 다시 도구는 우리를 만든다We Shape our tools, and then our tools shape us"는 글귀가 방문객을 맞이합니다. 마샬 맥루한은 '자동차 바퀴는 발의 확장, TV는 눈의 확장, 의복은 피부의 확장, 전자회로는 중추신경계의 확장'으로 이해해 도구를 인간 한계의 확장이라는 개념으로 접근했습니다.

현재 우리는 PC와 스마트폰을 통해서 언제 어디서나 콘텐츠를 접하고 있습니다만, 사실 수천 년 동안 책이야말로 지식을 보관하고 전파하는 매개체로 문명 발전의 원동력이었습니다. 지금은 어느 집에 가나 어린이용 동화책까지 최소한 수백 권은 있을 정도로 책은 흘러넘칩니다. 하지만 흔하디흔한 책이 활판 인쇄술이 발명되기 전에는 귀하고 값진 보물이었습니다.

중세 유럽 최대 도서관의
책 한 권 값은 2억 원

●　　　　　　　　책의 역사는 문자의 역사와 동일합니다. 철필로 점토판에 쐐기문자를 새긴 최초의 책이 5천 년 전 고대 메소포타미아에서 만들어졌고, 시리아 남부 에블라Ebla 유적에서 무려 2만여 개의 점토 서판을 보관한 최초의 도서관

이 발견되었습니다. 기원전 7세기 아시리아 제국의 수도 니네베Nineveh에서 발굴된 아슈르바니팔Ashurbanipal 왕의 서재는 점토 서판과 분류 목록이 최초로 함께 발굴되었습니다.

고대 서양 최대의 도서관은 기원전 3세기에 설립된 이집트 알렉산드리아 도서관입니다. 방대한 장서(약 4만 권)로 이집트는 학문과 문물의 중심이 되었습니다. 나일강에서 채취한 파피루스로 만든 문서는 가볍고 간편했지만 오래가지 못한다는 단점이 있었습니다. 기원전 1300년경 이집트에서 개발된 양피지가 대체재로 떠올랐고 중세 유럽에서 널리 사용되었습니다.

중세 유럽에서 학문의 중심지는 가톨릭 수도원이었고, 수도원은 도서관을 두고 중요 문서를 필사하고 보관했습니다. 당시 필경 수도사들은 기도하고 책을 필사하며 평생을 보내는 사람들이었습니다. 초기에는 주로 성경을 필사하다가 고대 그리스 로마의 철학·문학·과학 서적들도 필사했는데, 필사는 경비와 시간이 엄청나게 들었기에 1회 필사 시에 1~3권 정도만 함께 만들었습니다. 당시 모든 책은 희귀본이고 보석 같은 귀중품이었던 것입니다.

책이 얼마나 귀했는지를 잘 알 수 있는 사례가 있습니다. 중세시대 유럽의 대표적인 도서관이었던 스위스 장크르 갈렌의 베네딕트 수도원 도서관의 9세기 후반 소장 서적은 총 500권 정도였습니다. 인쇄본 서적이 등장하기 이전 15세기 영국에서 가장 많은 장서를 보유했다는 캔터베리대성당의 도서관장서가 2천 권이었고, 케임브리지대학교 도서관도 300권에 불과했습니다.

서양 최대의 도서관들이 가진 장서가 지금 기준으로 놀라울 만큼 적은 이유는 책값이 매우 비쌌기 때문입니다. 양가죽을 표백해서 만드는 양피지는 양 1마리에서 2~3장이 나옵니다. 그러니 양 100마리 이상 잡아야 양피지 200~300장, 즉 책 1권 분량이 나옵니다. 이런 구조이니 책 1권을 만들려면 목장 한 곳의 양 떼가 필요했습니다.

1074년 바이에른에서는 예배서 한 권과 포도밭을 교환한 거래가 있었고, 1120년에 바움베르크의 수도원은 미사 경본을 팔아서 넓은 땅을 구매했다는 기록이 남아 있습니다. 높은 재료비에 인건비도 만만치 않았습니다. 숙련된 수도사가 1년에 필사할 수 있는 분량은 1~2권에 불과했습니다. 정말로 책은 귀한 물건이었고, 부유한 귀족이라도 성경 1권을 가지고 있다는 것은 대단한 명예이자 부귀의 상징이었습니다.

조선 중기의 책 한 권은
두 달치 월급

● 조선시대에도 책값은 비쌌습니다. 종이는 비교적 일찍 보급되었지만 닥나무로 소량 생산하는 한지는 비쌌습니다. 1377년 고려시대에 세계 최초의 금속활자로

『직지심체요절直指心體要節』을 인쇄했지만 대량인쇄기술이 발달하지 않았기 때문입니다.

조선 중기 『중종실록』에 "『대학』이나 『중용』 같은 책은 좋은 면포 3~4필은 주어야 살 수 있다"라고 기록되어 있습니다. 면포 3필은 쌀 30말에 해당하고, 논 3마지기의 1년 소출이었습니다. 현재 논 1마지기(200평)에서 쌀 4가마가 소출되고 시가로 70만 원이니 3마지기의 1년 소출은 대략 200만 원입니다. 당시 1마지기당 생산량은 적었겠지만 쌀값은 훨씬 높았으니 대략 책 1권에 최소한 500만~600만 원은 한 셈입니다.

중종 때 조정에서 서점을 만들자는 주장이 있었지만 결국 추진되지 못했습니다. 이유는 "만일 과부의 집에서 책을 파는 경우가 있더라도 반드시 사사로이 서로 거래하지, 서점에 내놓는 일은 없을 것"이라는 점이었죠. 책값이 워낙 비싸니 형편이 어려운 양반집 과부들은 남편이 보던 책을 팔아 생계를 유지했을 정도로 책은 고가의 귀중품이라 상점에 내놓지 않고도 알음알음으로 충분히 거래가 되었다는 이야기입니다.

구텐베르크 혁명은
활판인쇄술이 핵심

● 　　　미국 시사주간지 〈타임〉은 1999년 새로운 천 년을 앞두고 1천 년 동안 100년 단위로 인류 역사에

가장 큰 영향을 미친 인물을 선정했는데, 15세기에는 요하네스 구텐베르크였습니다.

세계 최초의 금속활자 인쇄는 고려의 '직지直指'이지만 영향은 제한적이었습니다. 목판을 금속활자로 대체했지만, 표의문자인 한자의 특성상 인쇄 후 금속활자를 풀어헤쳐 새로운 인쇄활판으로 만들기에 한계가 있었기 때문입니다. 게다가 우리나라는 구리가 부족해 활자를 주조하는 데 큰돈이 든다는 기술적 문제도 있었고, 책을 대량 인쇄해도 유통시킬 주변 시장이 없었습니다. 반면 라틴어는 수백 개의 알파벳만 활자로 만들면 충분했고, 대량 인쇄된 책을 지식층이 국제 공통어로 라틴어를 사용하는 유럽 전역에 유통시킬 수 있었습니다.

구텐베르크는 금속활자로 인쇄하고, 다시 활자를 풀어헤치고 재구성해 다른 책을 인쇄하는 실용적인 금속활판 인쇄술을 발명했습니다. 젊은 시절 카드놀이를 하다가 아이디어를 얻어 1450년경『구텐베르크 36행 성서』를 인쇄하고, 활자를 개량해 1453년경『구텐베르크 42행 성서』를 발간합니다. 그는 역사적으로 인류 문명의 신기원을 열었지만 개인적으로는 정작 인쇄사업에 실패해 파산합니다.

하지만 구텐베르크 이후 반세기 동안 4만여 종, 1천만 권이 넘는 책이 유럽 사회에 쏟아져 나오는 그야말로 지식혁명이 전개됩니다. 중세 유럽 1천 년 동안 필사된 책보다 인쇄기 발명 이후 50여 년 동안 발간된 책이 더 많았을 것으로 추정됩

●

세속적 관점에서 구텐베르크는
한낱 실패한 사업가였지만,
그는 세계역사를 바꾸는
기폭제가 되었습니다.

니다. 세속적 관점에서 구텐베르크는 한낱 실패한 사업가였지만, 그는 세계역사를 바꾸는 기폭제가 되었습니다.

콜럼버스는 인쇄된 지도를 보면서 인도항로 개척을 구상했고, 스페인 왕실의 투자로 탐험에 나서 결국 신대륙을 발견했습니다. 대항해 시대가 열리면서 실크로드를 주축으로 하는 지중해 무역시대가 끝나고, 베네치아·피렌체 등 이탈리아 도시국가들이 점차 쇠퇴하면서 세계의 주도권은 스페인과 포르투갈로 넘어가게 됩니다.

또한 대량으로 인쇄된 성경이 보급되면서 교회의 지식독점이 허물어지고 종교혁명이 촉발됩니다. 독일의 종교개혁가 마르틴 루터는 당시 로마 교황청의 면죄부 판매에 항의하며 1517년 10월 31일, 비텐베르크 교회 정문에 '개조 반박문'을 붙이면서 종교개혁이 시작됩니다. 인쇄술의 발달이 가져온 지식유통의 활성화는 종교에서 시작되어 과학기술·인문지리·사회문화로 확산됩니다. 1789년 프랑스혁명, 18세기 산업혁명으로 이어지면서 근대를 형성합니다.

**지식의 축적과 전파의 혁명적 변화,
활판인쇄술**

●   인쇄술의 보급과 개선, 종이값의 하락으로 책값이 급격히 떨어지면서 19세기 후반의 서양에는 공공

도서관이 생겨서 시민들이 이용하는 단계로 발전합니다. 우리에게 철강왕으로 잘 알려진 앤드류 카네기가 전형적인 도서관 키드kid입니다.

스코틀랜드 직조공 출신 이민자의 아들로 태어나 고국 스코틀랜드에서 초등학교를 다닌 이후 공부할 기회가 없었던 카네기는 13살부터 취업해 돈을 벌면서도 공공도서관에서 책을 보며 독학했습니다. 사업에 성공하고 1901년 JP 모건과의 빅딜로 모든 사업체를 매각해 미국 최고 부자가 된 후 여생을 자선사업에 매진합니다.

그는 1902년 1월 29일 당시 천문학적 거액인 1천만 달러를 기부해 공공도서관 건립을 지원하는 워싱턴 카네기협회를 설립하고 미국 전역에 2,500개의 도서관을 건립합니다. 훗날 빌 게이츠, 스티브 잡스도 공공도서관에서 책을 읽으면서 미래의 사업가로 성장합니다.

제가 어릴 때만 해도 책은 장서의 개념이었습니다. 집에 책장이 있고 멋있는 책을 꽂아두는 것이 일종의 장식이자 과시였죠. 이런 분위기에서 하드커버의 호화 장정 20권으로 구성된 수백만 원짜리 브리태니커 백과사전이 여유 있는 집의 응접실을 장식하면서, 오늘날 웅진그룹의 윤석금 회장이 사업 종잣돈을 모았습니다. 하지만 실제로 브리태니커 백과사전을 모두 읽은 경우는 거의 없을 겁니다. 영어책을 읽을 수 있는 사람이 별로 없었던 시절이었거든요.

제가 성장기를 보낸 곳이 부산시 중구 보수동인데, 요즘 복고 열풍을 타고 '보수동 헌책방 골목'으로 TV에 자주 소개되더군요. 예전 청계천 헌책방 거리와 비슷한 보수동 책방 골목은 1945년 해방 직후 일본인들이 귀국하면서 버리거나 팔고 간 서적들이 거래되면서 시작되었다고 합니다. 그러다가 1950년 6·25전쟁으로 피난지가 된 부산에서 헌책들을 사고팔면서 현재의 모습으로 자리 잡았습니다.

제가 어린 시절만 해도 책이 아주 귀했습니다. 초등학교 때 집에 '소년소녀 세계명작 전집' 한 질이 있으면 친구들에게 책을 빌려주면서 행세깨나 하던 시절이라 헌책을 사서 읽는 경우가 많았습니다. 저 역시 어린 시절 읽은 책의 대부분은 헌책이었습니다.

무겁던 책의 주제가
소소한 일상에까지 확대

●   1450년 구텐베르크 이후 인쇄기술은 발전했지만 활판인쇄라는 기본은 동일했습니다. 일일이 활자를 만들고 조판해서 인쇄기에서 찍어내는 방식이었으니 비용이 비쌌으므로 책 1권 출간한다는 것이 상당한 영예였지만 비용 부담은 클 수밖에 없었습니다.

하지만 1980년대 후반 시작된 정보혁명은 모든 걸 바꿔버렸습니다. 먼저 컴퓨터를 사용하면서 활판이 사라졌고, 인쇄가 간편해지면서 비용이 급격히 내려갑니다. 지금 우리가 PC를 사용해 워드로 문서를 만들어 프린터로 인쇄하는 이 과정을 일일이 납으로 활자를 만들어서 조판한 다음 인쇄기에서 찍어낸다고 생각하면 얼마나 인쇄가 간편해졌는지 실감할 수 있습니다.

책의 출간 비용이 내려가면서 일반인의 출판시대가 열립니다. 필사본 시절에는 종교경전, 국가역사기록 정도가 책으로 만들어졌고, 1980년대까지만 해도 학술·문학·교육 등 사회적으로 중요한 분야에서 주로 책을 출간했지만, 1990년대부터는 정보혁명 이후 '단군 이래 최대 호황'까지 겹쳐서 그야말로 출판물 홍수가 일어납니다. 경제경영에서 재테크, 자기계발에 이르기까지 다양한 분야의 책들이 출간되었고, 100만 부 이상 팔리는 초대형 베스트셀러도 탄생합니다.

특히 과거에는 소설가, 학자, 명망가들이 주요 저자였으나 이제는 운동선수, 연예인, 방송인, 나아가 평범한 사람들의 이야기도 공감을 얻고 책으로 출간되고 있습니다. 또한 인터넷에서 인기를 얻은 블로거의 글이나 웹툰 등의 콘텐츠가 책으로 출간되는 경우도 많아지면서, 소위 평범한 아마추어들이 일약 대중적 인기를 얻기도 합니다.

1인 출판사도 많이 생겨났습니다. 한 사람이 기획·편집·경영을 하고 제작과 출판은 아웃소싱을 하는 형태입니다. 이런

1인 출판을 표방한 소규모 출판사에서 최근 나오는 책들은 그야말로 기발한 주제가 많습니다. 특정 마니아층을 대상으로 한 주제들이고 '이런 내용도 책으로 쓰나?' 하는 수준의 이야기들입니다. 생산이 간편해지면서 특정집단의 특수한 수요도 요구하는 현상입니다.

최근에는 전자책이 보급되면서 '종이에 인쇄한 책'의 개념도 사라지고 있습니다. 전 세계 최신간을 실시간으로 다운받아 볼 수 있습니다. 대형서점이나 출판사들은 1인 출판 인프라를 구축해, 아이디어만 있으면 누구나 책을 쓰고 판매할 수 있는 여건도 만들었습니다. 그야말로 누구나 책을 만들어 출간하는 개인출판의 시대가 온 것입니다.

디지털 시대,
권력이동의 본질

• 15세기 중반 발명된 구텐베르크의 인쇄술은 당시 지식을 독점하고 있던 종교집단에는 재앙이었습니다. 이전에는 성직자 등 특정신분이 아닌 사람은 책을 읽거나 소유할 수 없었지만, 인쇄술로 책이 보급되면서 책 자체를 독점하기는 불가능해졌습니다. 하지만 종교혁명과 가톨릭 내부의 쇄신을 통해 세속적 합리성을 보완해서 종교의 생명력은 이어졌습니다. 요즘 표현으로 경쟁자의 등장과 혁신의 재탄생

이 있었습니다.

20세기 후반 발명된 컴퓨터와 인터넷은 지식을 독점하고 있던 전통적 지식계층에 재앙을 몰고 왔습니다. 1980년대까지 국가기관이나 대규모 민간연구소 수준에서 접근할 수 있었던 방대한 정보가 이제는 PC와 스마트폰으로 포털사이트에 접속해 검색하면 금방 나옵니다. 10만 원 정도의 하드디스크에 평생 읽어도 못 읽을 분량의 책과 음악을 저장하고 공유하는 것도 일상이 되었습니다.

그야말로 정보의 분산과 개별화가 진행되었습니다. 어설프게 공부해서 잘 알지 못한 채 떠들던 지식인들이 설 자리가 없어졌습니다. 대신 각 분야에 내공을 쌓았지만 박사학위와 같은 전통적 개념의 권위가 없었던 일반인들이 영향력을 가지기 시작합니다.

> 나는 제3세계 출신입니다. 나의 궁극적인 목표는 읽고 쓸 줄도, 컴퓨터를 다룰 줄도 모르는 사람도 세상의 모든 지식에 접근할 수 있도록 시스템을 개발하는 것입니다. 한 세대 전만 해도 탄자니아의 어린이가 미국의 대통령과 똑같은 정보를 얻는 일은 상상조차 할 수 없었지요.

구글 최초의 직원 중 한 명으로 구글 검색엔진의 공동개발자이고 '검색의 차르_{황제}'로 불리는 벤 고메스의 말입니다. 탄자니아에서 태어나 인도의 방갈로르에서 성장했고 가족 중에서 처음으로 정규교육을 받았습니다. 고메스가 표현한 대로 전 세계 누구나 인터넷에 연결된 디바이스만 있으면 검색엔진을 통해 인류가 축적한 지식 자체에 무제한으로 접근이 가능한 세상이 되었습니다.

정보의 분산과 개별화, 전통적 지식인의 위기

• 　　　　　1990년대 이후 본격적으로 전개된 정보화 혁명으로 이제 개인이 생산한 콘텐츠가 인터넷으로 텍스트와 동영상 등 다양한 형태로 유통되고 있습니다. 책에서 출발해 라디오, TV로 이어지는 미디어의 발전이 개인 차원에서 텍스트, 사운드, 동영상을 제작하고 글로벌 차원에서 유통시키는 디지털 미디어 시대로 연결되면서 사회경제적 권력이동이 진행되고 있습니다.

'미네르바'라는 필명이 2008년 하반기 우리 사회를 뒤흔들었습니다. 인터넷 포털 게시판에 게재한 경제분석에서 예견했던 '리먼브라더스 파산', '원−달러 환율 1,500원 돌파', '한−미 통화스와프 체결' 등이 적중해 명성을 얻었습니다. 주요 언론에서 앞다투어 언급하면서 '인터넷 경제대통령'이라는 별명도 생겨납니다. 청와대 경제수석을 역임한 성균관대 경제학과 김

●

개인 차원에서 미디어를 제작하고
글로벌 차원에서 유통시키는
디지털 시대로 연결되면서
사회경제적 권력이동이
진행되고 있습니다.

태동 교수로부터 "미네르바는 현재 가장 뛰어난 우리의 경제스승"이라는 찬사까지 나왔습니다.

미네르바의 정체를 둘러싸고 각종 추측이 난무하면서 궁금증은 더욱 증폭되었습니다. 그러나 이듬해 전문대학을 졸업한 30대 무직자로 밝혀지면서 세간의 소위 권위 있는 전문가들을 당혹시켰고, 작성한 글들은 인터넷에서 짜깁기했던 것으로 밝혀졌습니다.

태산명동서일필泰山鳴動鼠一匹, 허탈한 결말의 에피소드지만 디지털 시대 지식 확산과 미디어 융합으로 촉발되는 권력이동을 함축하고 있습니다. 신문, 잡지, 방송 등 전통 미디어가 아닌 포털 토론방에 게재된 평범한 일반인의 의견이 인터넷으로 급속히 유통되면서 기존의 미디어와 전문가를 압도했기 때문입니다.

아날로그 미디어를 위협하는
개인 미디어

●   2019년 5월에 10년 전 미네르바와 대비되는 사례가 발생했습니다. 1인 유튜버로 시사이슈를 주로 다루는 '팩맨'의 국회 패스트트랙 법안처리와 관련한 논평을 국내 최대 방송사인 KBS가 뉴스시간에 가짜뉴스로 보도해 논란이 되었습니다.

각각의 입장에 대한 사실관계는 논외로 하더라도 이러한 현상 자체가 디지털 시대 권력이동을 웅변합니다. 미네르바가 포털 기반의 텍스트이고 팩맨은 유튜브 기반의 동영상이라는 형식적 차이 외에는 본질적으로 동일합니다. 아날로그 미디어의 대표주자인 거대 공중파 방송사가 1인 유튜버의 콘텐츠를 정규 프로그램에서 반박하는 구도 자체가 디지털 혁신으로 진행된 지식 확산과 미디어 융합을 나타냅니다. 실제로 최근 시사분석은 물론 마케팅, 취미생활 등 다양한 분야에서 급성장하고 있는 유튜버들이 기존 아날로그 미디어의 영향력을 급속히 잠식하고 있습니다.

저명한 미래학자인 앨빈 토플러는 1990년에 출간된 『권력이동』에서 정보화의 진전에 따른 미디어의 융합과 권력이동을 예견했습니다. "앞으로 TV와 컴퓨터 기술이 결합하면 권력이 낡은 TV방송망에서 이용자에게로 옮겨가 시청자들이 마음대로 영상을 개조하게 될 것이다." 당시의 미국은 콘텐츠 유통의 중심이 공중파에서 케이블CATV로 이전되는 과정이었고 명망 있는 IT전문가인 조지 길더는 TV와 컴퓨터가 융합된 텔레컴퓨터telecomputer의 도래를 예견했습니다.

21세기 현대인의 일상용품인 스마트폰에 30년 전 예측했던 텔레컴퓨터의 '상호작용성-이동성-전환성-접속성-확산성-범세계성'이 응축되어 있습니다. 다시 말해 콘텐츠 생산자와 소비자의 쌍방향 상호작용, 이동 중 사용가능, 텍스트-음성-

영상 간의 전환과 융합, 디바이스 간 자유로운 상호접속, 모든 계층 보급, 글로벌 차원 유통구조라는 6가지 원리가 결합하면서 범세계적 차원에서 혁명적인 신경계통을 형성하고 사회경제적 권력이동이 가속화되리라는 예측은 오늘날 목격하고 있는 현실입니다. 이런 점에서 최근 부각되는 인기 유튜버들은 디지털 혁신으로 촉발되는 개인으로의 권력이동의 아이콘입니다.

분명한 것은 디지털 시대의 기업이 계속 가치를 창출하려면 개별화의 속도보다 더 빠르게 지식과 경험의 격차를 확장시켜야 한다는 것입니다. 그렇지 않으면 중세 말기의 교회처럼 과거의 기득권에만 매달려 연명하고자 하는 초라한 몰골이 될 수밖에 없는 상황입니다.

● ● ●

지금은 흔한 책이 활판인쇄술이 발명되기 전에는 엄청나게 값진 보물이었습니다. 하지만 구텐베르크 이후 지식유통의 활성화는 역사의 흐름을 바꾸었습니다.

디지털 기술의 발전으로 개인 차원에서 전 세계의 지식에 접근하고 유통시킬 수 있는 시대가 되었습니다. 과거에 개인들은 지식의 수용자에 불과했습니다만 지금은 지식을 수용하고 새롭게 생산해 글로벌 차원에서 유통시킬 수 있게 되었습니다. 인스타그램, 유튜브 등 SNS 플랫폼을 통해서 평범한 일반인들이 글로벌 스타로 발돋움하고 있습니다. 각자가 가진 관심사와 취향, 전문성을 적극적으로 활용한다면 개인적 삶에서도 새로운 미래를 열어갈 수 있는 시대입니다.

미디어로 세상을 읽는 비결, 책을 제대로 읽는 법

매일 새로운 것을
머리에게 꾸역꾸역 먹인다

• 　　　　　　　　남태평양 사모아섬의 추장인 투이아비가 20세기 초 유럽을 여행하고, 보고 느낀 바를 연설문 형식으로 기록한 것을 독일인 에리히 쇼이어만이 정리해 출간했다는 『빠빠라기』의 한 대목입니다.

그 한 장 한 장에 꽉 차게 글자가 박혀 있다. 뭉치로 된 종이이며 빠빠라기(백인)가 부르는 이름으로 말한다면 신문이다. 아침마다 밤마다 이 종이 사이에 머리를 처박고서는 거기에 있는 새로운 것들을 머리에 꾸역꾸역 먹인다. (…) 모든 빠빠라기가 똑같은 짓을 한다. 그들은 유럽의 대추장이나 연설가들이 후노오(축제)에서 무엇을 지껄였을까를 읽는다. 또한 아주 시시하게 생각되는 일들까지 시시콜콜 쓰여 있다. (…) 너는 조용히 거적 위에 누워 있기만 해도 뭉치로 된 종이가 뭐든지 대신 지껄여준다. 이것은 매우 근사하고 유쾌한 일인 것처럼 보이지만 실은 속임수일 뿐이다.

『빠빠라기』에서 신문에 관해 말한 부분입니다. 1920년 처음 출간된 이 책은 1970년대부터 꾸준한 인기를 끌고 있습니다. 자연인의 순수한 시각으로 본 현대 문명 비판서로, 특히 환경론자들의 바이블로 불렸습니다. 한글판도 출간되어 있고, 저도 오래전에 흥미롭게 읽었습니다. 하지만 실제로는 사모아섬의 추장 투이아비가 아닌 엮은이인 에리히 쇼이어만이 1914년 사모아섬의 방문 경험을 토대로 창작한 내용으로 밝혀졌습니다. 어쨌든 현대 문명에 대한 촌철살인의 풍자가 흥미롭습니다. 신문을 매일 읽고 있는 현대인의 모습도 생생합니다.

정기적으로 소식을 전하는 방식은 동서양을 막론하고 고대부터 있었습니다. 고대에는 손으로 글씨를 써서 벽에 붙이는 방식으로 주요사항을 알렸습니다. 1450년에 구텐베르크의 활판인쇄술 발명으로 정기 인쇄물의 기술적 기반이 마련된 후 역사상 최초의 신문은 1609년 신성로마제국의 자유도시 스트라스부르에서 발간된 〈아비사 렐라치온 오더 차이퉁 Avisa Relation oder Zeitung〉로 정기발행, 발행일 기재, 다양한 소식을 담는 등 오늘날 신문의 특성이 모두 나타납니다.

이후 17세기 내내 각 나라에서 신문들이 우후죽순으로 창간됩니다. 하지만 정기적으로 기사를 편집해서 대량 인쇄하기에는 기술이 부족했고, 마차로는 신문 운송에 한계가 있어 특정 지역의 특정 계층만 대상으로 했습니다.

산업혁명의 산물인 증기기관을 적용한 인쇄기가 1811년 독일에서 발명되고, 1868년 영국에서 최초의 신문 윤전기가 가동되기 시작합니다. 종이를 접어 시간당 1만 8천 판을 찍어내는, 당시로서는 경이적인 속도의 초고속 인쇄가 가능해지면서 정기적으로 신문을 제작할 수 있게 되었습니다. 또한 철도의 발달로 광역권에 매일 신문 배달이 가능해졌습니다. 아울러 산업혁명으로 공장제도가 도입되면서 대대적인 근대 교육이 실시되어 글자를 해독하는 근로자 계층이 급격히 늘어나면서 신문시장이 본격적으로 형성됩니다.

우리나라 최초의 근대 신문은 1883년 창간된 〈한성순보〉이고, 본격적인 신문시대는 1920년 3월 5일 〈조선일보〉 창간, 1920년 4월 1일 〈동아일보〉 창간으로 시작됩니다.

특정 신문의 구독이
독립운동이었던 시절

● 저희 집은 본래 평안북도에 살다가 6·25전쟁 당시 1·4후퇴 때 부산까지 피난을 나온 격동적인 가족사가 있습니다. 1900년생이신 할아버지께서는 이북에 계실 때 모 일간지의 창간독자였음을 평생의 자부심으로 생각하시면서 별세하실 때까지 그 일간지만 보셨습니다.

어린 시절 할아버지께서 일제강점기 때 신문 보기도 쉽지 않았다고 하시면서 당시를 회고하신 적이 있습니다. "1900년대 초반 가난하고 문맹율이 높던 식민지 시절에 당시 50~100호 정도가 있는 상당히 큰 마을에도 신문은 2~3부가 배달될 정도로 아주 귀했고, 특히 〈동아일보〉, 〈조선일보〉와 같은 민족신문의 구독은 나름대로 용기가 필요했다. 신문을 보고 나서 대청마루에 놓아두면 글자를 깨친 동네사람들이 돌려보았고, 묵은 신문도 버리지 않고 한참 동안 보관했다."

일본 총독부의 기사검열이 심해서 독립군의 활동, 독립투사들의 의거가 제한적으로 보도되었지만 행간의 뜻을 읽을 수 있었다고 합니다. 예를 들어 "불령선인不逞鮮人, 무장괴한 주재소 습격"이라는 기사가 나오면 '독립군이 일본순사들이 있는 파출소를 공격했구나' 하고 이해했다고 합니다.

당시 종이 자체가 얼마나 귀했는지 알려주는 인상 깊은 일화가 있습니다. 〈조선일보〉에서 이규태 코너를 오랫동안 기고

하신 고 이규태 논설위원은 전라북도 장수에서 태어났습니다. 그는 "어린 시절 종이를 처음 보고는 너무 신기해 잠을 이룰 수 없었던 소년"이라고 자신을 표현했습니다. 1930년대 후반에 산골에 사는 어린이가 난생 처음 종이를 보고 신기해할 정도로 종이 자체가 귀했던 시절의 우리나라에서 신문은 인쇄하는 것도 구독하는 것도 쉽지 않았습니다.

신문이라는 도구로
세상을 읽는 법

● 세지마 류조는 빈농의 아들로 태어나 일본 육사를 우수한 성적으로 졸업하고, 태평양전쟁에 참전합니다. 당시 일본군 총사령부인 대본영과 관동군 사령부에 근무하다가 1945년 소련군에게 붙잡혀 11년간 포로생활을 했고 1956년 귀국합니다. 그 후 그는 1958년에 당시 군소 섬유업체인 이토추상사에 입사해 세계적인 무역회사로 키워내는 주역으로 활약했습니다.

그가 신문으로 세상을 읽은 가장 극적인 사례는 1973년 석유파동의 정확한 예측입니다. 기획담당 임원이었던 그는 아랍과 이스라엘의 갈등이 고조되는 징후를 발견했습니다. 이후 신문에 보도된 아랍 관련 기사들을 꼼꼼히 스크랩하면서 동향을 분석했고, 아랍 산유국들이 이스라엘에 대해 기습공격

•

세상변화를 따라가는 상식과
자신의 관점을 얻으려면
좋은 신문을 매일 꼼꼼히 보라고
조언합니다.

을 감행할 것으로 예상했습니다. '최근의 국제정세 분석: 중동 전쟁 재발 및 석유가격 폭등 가능성'이라는 보고서를 만들어 임 원회의에서 보고하고 극비리에 석유를 사모으기 시작했습니다. 1973년 10월에 제4차 중동전쟁이 터지고 석유 가격이 4배 이 상으로 폭등하면서 이토추상사는 큰 수익을 올리고 일본 굴 지의 종합상사로 도약할 수 있었습니다.

신문을 통해 흐름을 파악하던 그와 관련된 유명한 일화가 있습니다. 1956년 귀국 후 사회에 다시 진출하기 전, 포로생 활 11년간의 공백을 메울 방법을 생각하던 끝에 묵은 신문을 보기로 했습니다. 그리고 2년간 도서관에 나가 11년간의 신문 을 광고까지 구석구석 보면서, 현실감각을 살리고 사회 흐름 을 따라잡았습니다. 사람을 만나고 책을 읽는 것보다 신문을 보는 것이 그동안의 변화를 이해하고 정리하는 데 가장 효과 적이었다는 것입니다.

종종 후배들로부터 세상변화를 따라가는 상식과 자신의 관 점을 얻기 위해서 무엇을 해야 하느냐는 질문을 받곤 합니다. 그러면 저는 항상 좋은 신문을 매일 꼼꼼히 보라고 조언했습 니다.

1989년 증권회사에서 직장생활을 갓 시작했을 때, 경제동 향과 자금사정에 대한 이해가 필요했습니다. 그래서 틈틈이 경제원론, 국제금융, 화폐금융 등과 관련된 책을 찾아 읽곤 했습니다. 그러나 직장 선배는 책을 읽는 것보다 날마다 경제

신문을 읽는 것이 더 도움이 될 거라며 조언해주더군요.

선배의 말인즉 경제신문을 1년 동안 꼼꼼히 읽는 것이 경제 서적 수십 권 읽는 것보다 낫다는 것입니다. 콘텐츠가 흘러넘치는 세상에서 책은 지나간 내용들이고, 신문은 생생한 날것이라는 의미입니다. 신문을 기본으로 보면서 특정 부분에 관심이 생기면 책을 보라는 조언이었습니다.

저는 이때부터 경제신문을 본격적으로 읽기 시작했습니다. 처음에 재미없고 딱딱하던 경제신문도 용어에 익숙해지고, 업무와 연관되니 흥미도 커졌습니다.

인터넷의 콘텐츠를
DB로 만들기

● 　　　　　　신문에 난 기사는 공개된 것이기 때문에 대수롭지 않게 봅니다. 그러나 신문기사도 읽는 사람에 따라서 가치는 달라집니다. 좋은 신문을 매일 체계적으로 읽는 것은 상당히 효과적입니다. 저는 그간 사회생활을 해오면서 신문을 통해 유용한 정보를 접했습니다. 여러 종류의 신문을 구독하고 특히 기획 및 분석기사, 칼럼과 논설을 꾸준히 읽으면서 세상의 흐름을 따라가고 시각을 넓혔습니다.

1990년대 초반 제가 경제연구소에 근무할 때 하루 일과의 시작은 신문 스크랩이었습니다. 중요한 내용을 정리해서 스크랩해 DB로 활용하는 것이죠. 인터넷이 보급되지 않았던 당시에는 검색 포털사이트도 없어서 필요하면 신문사를 직접 방문해서 지나간 신문기사를 찾아 복사해오는 일도 종종 있었습니다.

PC와 인터넷이 보급되면서 신문기사를 비롯한 정보를 웹에서 접하는 경우가 많아졌습니다. 인터넷의 정보를 프린트해 스크랩하기도 했지만 보관도 쉽지 않고 나중에 찾기도 어려웠습니다. 이런 문제를 해결하기 위해 메일계정을 이용한 사이버 스크랩 방법을 사용했습니다. PC로 가치 있는 콘텐츠를 접하면 개인 메일주소로 보냅니다. 주제·출처·시점·용도 등에 대해서 나만의 체계를 적용한 색인형식으로 제목을 붙이고, 나중에 필요할 때는 개인 메일함에서 찾아서 사용합니다. 검색기능이 있는 메일함은 유용한 DB가 됩니다.

2007년부터 스마트폰이 보급되면서 페이스북, 인스타그램 등의 SNS나 유튜브 등 동영상 플랫폼을 통해서 언제 어디서나 손쉽게 풍부한 정보를 접하는 환경이 되었습니다. 신문 구독율의 하락은 아날로그 미디어의 퇴조와 함께 독자들의 눈높이를 신문을 비롯한 기존 미디어들이 따라가지 못하는 측면이 있습니다. 또한 기존 미디어의 명망가들에 못지않는 폭넓은 지식과 탁월한 식견을 가진 1인 뉴미디어 콘텐츠들을 다양한 플랫폼을 통해 접하는 시대가 되었습니다.

하지만 정보의 홍수 속에서 유용한 정보를 지속적으로 접하고 분류하고 저장해 필요 시 활용할 수 있는 능력은 더욱 중요해지고 있습니다. 최근에는 개인적으로 정보를 클라우드에 저장하고 분류할 수 있는 다양한 앱과 서비스들이 있어서 약간의 노력으로 인터넷에 있는 방대한 정보를 갈무리해 유용한 개인 DB를 구축할 수 있습니다. 이러한 기술의 활용이 디지털 시대를 살아가는 기초체력이라고 생각합니다.

집의 책장을
DB로 만드는 법

●　　　　　　　사람들은 다양한 방법으로 책을 읽습니다. 하지만 효과적인 독서는 다른 문제입니다. 저도 어려서부터 책 읽기를 좋아했고 지금도 좋아합니다. 하지만 효과적인 책 읽기, 즉 실용독서의 방법을 터득한 것은 40대 초반이 되어서였습니다.

20대까지의 성장기에 책은 많이 읽을수록 좋습니다. 책을 읽다 보면 지식이 조금이라도 쌓이게 되고, 자연스럽게 책에 대한 취향과 안목이 생겨납니다. 하지만 30대부터인 활동기에는 다릅니다. 나름대로의 전문 분야가 생겨나고 자신의 관점이 중요해지는 반면, 소화해야 할 분량은 많고 시간은 제한되어 있습니다. 이제는 책을 읽고 그 내용을 소화하고 다시 필요할 때 사용하는 것이 성장기의 취미가 아니라 활동기의 경쟁력이 됩니다.

저는 10여 년 전 효과적 책 읽기의 아이디어를 공병호 박사의 『핵심만 골라 읽는 실용독서의 기술』이란 책에서 얻었습니다. 이 책 전체는 독서의 필요성과 태도 등을 모두 포괄하고 있습니다. 제가 얻은 핵심 아이디어는 '접어서 읽는다', '골라서 읽는다', '아끼지 않는다'입니다.

첫 번째 방법은 책을 접어서 읽는 것입니다. 책을 읽다가 중요하거나 기억하고 싶은 구절은 밑줄을 치거나 메모를 합니다. 시간이 지나서 필요해서 다시 찾으려면 한참을 찾아야 합니다. 그나마 찾으면 다행이고, 찾다가 포기하는 경우도 많습니다. 접어서 읽으면 이 문제가 해결됩니다. 밑줄 치고, 메모하고, 접는 겁니다. 접는 방법은 '위·아래·절반'의 3가지이죠. 저는 중요도에 따라 구분합니다. 이렇게 책 한 권을 읽고 나면 나중에 찾을 때는 접은 부분만 손쉽게 펴서 찾을 수 있습니다. 책에 밑줄을 치고 읽으면 장서가 되지만 접어서 읽으면 DB가 됩니다.

두 번째 방법은 골라서 읽는 것입니다. 책을 사면 처음부터 끝까지 다 읽어야 한다는 생각을 버립니다. 필요한 부분만 읽습니다. 또한 중요하지 않은 부분은 대충 읽습니다. 성경이나 불경을 읽는 것이 아니라 전문서·실용서를 읽는 30대 이후에는 골라서 읽어야 합니다. 또한 읽다가 내용이 형편없으면 가차 없이 내려놓아야 합니다. 책값이 아깝다고 계속 읽는 것은

정보의 홍수 속에서
유용한 정보를 지속적으로 접하고
분류하고 저장해
필요 시 활용할 수 있는 능력은
더욱 중요해지고 있습니다.

시간 낭비입니다. 책값보다 시간이 소중합니다.

세 번째 방법은 아끼지 않는 것입니다. 책이 귀한 시절에는 책을 아꼈습니다. 양장본 가득한 책장은 인테리어였고, 보고 난 책은 헌책으로 팔았습니다. 교과서조차 깨끗하게 사용하고 물려주었습니다. 그러나 이제 책은 철저한 소모품이자 일회용품에 가깝습니다. 만들기도 쉽고 값싸니 사용하고 버리는 물건입니다. 편하게 밑줄 치고 메모하고 접는 등 쉽게 사용해야 합니다. 또한 읽은 후 책장에 둘 필요가 없다고 판단되면 가차 없이 버립니다. 집도 좁은데 책이 무한정 쌓일 수도 없습니다. 주기적으로 책장을 정리하고 DB로 가치가 있는 책만 남겨둡니다.

지식혁명과 개별화의 시대에 개인 차원의 역량계발도 중요하며, 전문가로서 계속 역량을 키워나가기 위해서는 효과적인 정보의 습득과 재사용의 도구가 필요합니다. 물론 각자 나름대로의 방법이 있을 겁니다. 하지만 제가 나름대로 터득한 방법을 참고하는 것도 도움이 되리라 생각합니다.

●●●

세상의 변화를 따라가는 상식과 자신의 관점을 얻기 위해서 무엇을 해야 하느냐는 질문을 받으면, 저는 항상 양질의 콘텐츠를 정기적으로 접하라고 조언합니다. 디지털 시대에 다양한 콘텐츠가 쏟아져 나오지만 유용한 정보를 찾기는 어려운 풍요 속의 빈곤현상도 있습니다. 각자 나름대로 정보를 접하고 갈무리하는 방법을 체득하는 것도 디지털 시대 경쟁력의 핵심입니다.

벤처와 스타트업의
성공비결은 철저한 운영 관리

천재들의 성취 뒤에 숨은
오랜 수련 과정

● 　　　　　　〈조선일보〉 최보식 기자가 화가이자
승려인 중광스님을 인터뷰할 때의 일화입니다.

> 인터뷰를 마칠 즈음 사진촬영을 위해 그가 그림 그리는 걸
> 보여주었다. 붓 한 번 돌리니 불과 2분 만에 후딱 한 편의
> 그림이 생겼다. 내가 무얼 그린 것이냐고 묻자, 그는 학鶴

이라고 했다. 내가 "금방 그림 한 편이 나오는군요"라고 하자 그는 "금방 되는 게 아니라, 50년쯤 걸린 거라고 보면 되어요. 그때부터 자라온 기운으로 그림이 나오는 거예요. 그렇지 않으면 이렇게 할 수 없어요"라고 받았다.

한 아리따운 여인이 파리의 단골 카페에 앉아 있던 파블로 피카소에게 다가와 자신을 그려달라고 부탁했습니다. 물론 값은 치르겠다는 조건이었죠. 마침 기분이 좋았던 피카소는 여인의 모습을 그려주었습니다. 그림을 건네면서 값은 50만 프랑(약 8천만 원)이라고 말했습니다. "아니, 당신은 그림 그리는 데 고작 몇 분밖에 안 쓰셨잖아요"라고 여인은 항의했습니다.

그러자 피카소는 대답했습니다. "천만에요, 40년이 걸렸습니다." 물론 피카소는 돈을 받지는 않았습니다만, 오랜 기간의 노력으로 닦은 실력과 명성이 뒷받침되어 있어 그 정도의 가치가 있다고 생각하라는 의미였다고 합니다.

국가대표 양궁팀 서거원 감독은 20년 동안 국가대표 감독으로 있으면서, 불모지였던 우리나라 양궁을 세계 정상으로 끌어올린 주역입니다. 양궁 국가대표들의 하루 연습량이 700~1천 발이라고 합니다. 선발전부터 시작해서 올림픽 결승전까지 3년이 걸리니 1주일에 5일을 훈련하면 대략 60만 발 내외가 됩니다. 이 훈련을 거치고, 결승전에서는 9~15발에 메달 색깔이 결정납니다.

메달을 따는 감동의 순간을 TV에서 보면서도 이 정도의 훈련량이라고는 미처 생각하지 못했습니다. 실제로 시합용 양궁의 시위를 잡아보았는데, 제대로 한 번 당기는 것도 쉽지 않았습니다.

이처럼 모든 성취 뒤에는 오랜 기간의 피와 땀, 그리고 눈물이 있기 마련입니다. '빙산의 일각'이라는 표현처럼 빙산의 80% 이상이 수면 아래 있듯이, 눈에 보이는 현상만이 아니라 눈에 보이지 않는 이면에 내재한 부분까지 이해해야 전체를 파악할 수 있습니다.

스페이스 인베이더, 갤러그 등
추억의 게임들

● 저의 어린 시절에는 비디오 게임이라는 개념이 없었습니다. 제 기억이 닿는 최초의 비디오 게임은 고등학생 시절의 '스페이스 인베이더'였습니다.

스페이스 인베이더는 1978년 일본 타이토에서 개발되어 전 세계적으로 크게 인기를 끌면서 슈팅 아케이드 게임의 원조가 됩니다. 학교에 갔다 오면서 전자오락실에 들러 몇 시간씩 하곤 했습니다.

이후 갤러그, 블록격파, 팩맨, 동키콩, 슈퍼마리오 등 지금은 '추억의 게임'으로 분류되는 게임들이 쏟아져 나왔습니다.

●

눈에 보이는 현상만이 아니라
눈에 보이지 않는 이면에
내재한 부분까지 이해해야
전체를 파악할 수 있습니다.

특히 1981년 일본 남코에서 개발한 갤러그는 '가라가' 또는 '벌레잡기'라는 별칭으로 불리면서 1980년대 초반을 주름잡은 게임이었습니다. 당시 청소년기를 보낸 남자 중 갤러그를 모르면 그야말로 외계인입니다. 용돈만 타면 갤러그를 하느라 정신 팔리기 일쑤여서 갤러그는 '벌레잡기'가 아니라 '동전잡기'였습니다.

1980년대 후반부터 차츰 컴퓨터가 가정에 보급되면서 PC 게임이 발전하다가, 1990년대 초반부터 인터넷이 보급되면서 온라인 게임으로 진화합니다. 그러면서 리니지, 스타크래프트 등 MMORPGMassively Multi-play Online Role Play Game, 다중 접속 온라인 역할 수행게임가 새로운 시대를 개막합니다. 지금이야 온라인으로 게임하는 것이 당연하지만, 당시에는 아주 놀라운 일이었습니다.

게임회사의 기초체력은
창의성이 아니다

● 엔씨소프트는 리니지로 자리를 잡고 나서 우리나라 게임산업의 대표선수로 성장했습니다. 첨단기술을 이해하고 사회적 흐름과 접목시켜 새로운 영역을 개척한 회사입니다. 제 지인이 이 회사가 설립된 1997년부터 20여 년을 근무하면서 수많은 게임 관련 벤처기업들의 명멸도 목격했

습니다.

디지털 시대를 이끌어가는 첨단산업인 게임회사의 창의적 역량이 궁금하던 차에 엔씨소프트에 있는 지인을 만났을 때 "도대체 오늘날 엔씨소프트를 있게 한 창의성은 어디에서 나왔고, 어떻게 키우고 있는가?"라고 단도직입적으로 질문을 던져보았습니다. 그는 아주 간단히 정리하더군요. "흔히 조직의 창의성이 뛰어나서 성공했다느니, 창의적 기업문화가 중요하다는 식으로 이야기하는데 다 헛소리다. 겉만 보고 하는 소리에 불과하다. 핵심은 철저한 관리운영 능력이다. 국내는 물론 국외에서도 마찬가지더라. 게임산업은 기술에 대한 이해와 창의적 아이디어에서 출발하지만, 이를 사업으로 연결시키는 관리운영 능력이 기초체력이다. 관리운영 능력이 없으면, 한두 번 히트작은 낼 수 있지만, 꾸준히 성공작을 내면서 흐름을 따라가고 오랫동안 성공하기는 불가능하다."

나아가 관리운영 능력의 핵심은 다양한 아이디어를 실제 게임 서비스로 발전시켜나가는 개발과정에서 실행하는 단계별 '게이트웨이키핑gateway keeping' 역량이라고 정의하더군요. 즉 '아이디어 → 마스터계획 → 1단계 프로토타입prototype → 2단계 프로토타입 → 3단계 개발 → 출시 여부 결정'에 이르는 전 과정의 관리능력인 것이죠.

소위 막연한 기대에 근거해 일단 저지르고 보는 무대포 정신이나, 첨단기술을 적용한 일부 오타쿠용 게임을 출시하는 등의 오류를 최소화하면서, 동시에 지속적으로 매스마켓mass market과 밀착할 수 있도록 하는 내부 프로세스의 정비와 준수가 핵심입니다.

한때 흥행작으로 혜성처럼 떠올랐지만, 후속작이 따라주지 않아 쇠락한 많은 게임회사와, 살아남은 게임회사들의 차이점이 여기에 있다는 경험담입니다. 솔직히 의외였습니다. 게임회사는 그야말로 자유분방하고 창의력이 흘러넘치는 조직문화로 꽉 차 있는 줄만 알았는데 말입니다.

그러면서 지인은 『린 스타트업』을 권했습니다. 저자인 에릭 리스는 뼈아픈 창업 실패를 겪고 2004년 IMVU라는 아바타 기반의 소셜게임 스타트업 창업에 참여해 2011년 연 매출 5천만 달러 규모의 회사로 성공시켰고, 현재는 벤처전문 컨설팅을 하고 있습니다.

벤처기업들이 흔히 "창의적 아이디어와 패기로 무장하면 성공한다"라는 식으로 이야기하는데, 이는 겉모습에 불과하고 실제로는 기초적 운영능력이 성패의 핵심이라고 에릭 리스는 말합니다. 그래서 이 책의 서문부터 실리콘 밸리의 벤처는 도요타의 관리 역량을 먼저 이해해야 한다고 강조합니다. '더 적은 것으로 더 많이 만드는 것, 더 적은 노력과 더 작은 설비로, 더 짧은 시간 안에, 더 작은 공간에서 고객이 원하는 것을 더 가까이에서 제공'하는 역량입니다. 실리콘 밸리에서도 창업과 성공은 언론에서 흔히 신화적 영웅담으로 포장되지만, 실제로는 환상적인 마술이 아니라 반복 가능한 과학적 실천, 즉 철저한 운영 관리에서 출발함을 분명히 이야기합니다.

자유와 책임의 문화가 핵심인
디지털 스타트업

• 　　　　　　넷플릭스는 1997년 우편배송 DVD사업으로 시작해 세계 최대 동영상 스트리밍 기업으로 성장했습니다. 창업자 리드 헤이스팅스는 화목하지만 결단력이 부족하던 스타트업이 변신해 실력 있는 구성원이 모여 창의적으로 협력하면서 혁신을 주도하는 역동적 조직문화를 구축한 점을 핵심으로 평가합니다.

그는 인사담당 임원인 패티 맥코드와 함께 입사직원들의 교육용으로 가치와 지향점, 운영원칙 등을 체계적으로 정리해 넷플릭스 컬처덱을 만들었습니다. 140페이지의 문서는 외부에도 알려지면서 관심을 모으자 2009년 공개해 실리콘 밸리의 바이블로 불릴 정도로 큰 영향을 주었습니다. 표지의 슬로건이 '자유와 책임Freedom&Responsibility'입니다.

조직원의 사소한 행동과 지엽적 사항에 대해서 간섭하지 않고 자유롭게 결정하고 행동하게 하지만 이에 따르는 책임은 분명합니다. 휴가일수, 출장비 사용, 복장규정이 대표적입니다. 당초 연간 휴가일을 관리했지만, 직원들이 장소와 시간에

• Netflix Culture: Freedom & Responsibility •

(넷플릭스 컬처텍: 자유와 책임)

상관없이 온라인으로 업무를 수행하는 상황을 반영해 근무시간과 휴가규정을 없앴습니다. 직원들은 자유롭게 근무시간과 장소를 선택하는 대신 성과에 대한 분명한 책임을 져야 합니다. 출장비도 사용–청구–지급하는 절차를 없애고 '회사에 최선이 되도록 행동하라Act in Netflix's Best Interest'는 1가지 지침으로 대체했습니다. 자율적으로 판단해 출장비를 사용하는 대신 거짓이나 횡령이 드러나면 엄중한 책임을 묻습니다.

기업문화 7가지 핵심측면

- 가치는 슬로건이 아닌 조직원의 행동에 존재한다.
- 기업은 가족이 아니라 프로스포츠 팀이다.
- 자유와 책임의 균형이 역동성의 본질이다.
- 맥락을 이해해야 자발성이 생겨난다.
- 서로 협력하되 동화되지 않는다.

- 경쟁 대상은 내부가 아니라 언제나 외부에 있다.
- 프로는 스스로 성장한다.

우리나라 플랫폼 사업의 대표주자로 디자이너 출신인 창업자의 독특하고 기발한 아이디어로 급성장하는 '배달의 민족'도 같은 맥락입니다. '자유로운 분위기를 강조하지만 그만큼 책임과 규칙도 뒤따른다'는 전제에서 '송파구에서 일을 잘 하는 11가지 방법'을 업무의 기본적 방식으로 적용합니다. 본사가 서울 송파구에서 있기 때문에 명명되었습니다.

송파구에서 일을 더 잘하는 11가지 방법

1. 9시 1분은 9시가 아니다.
2. 실행은 수직적! 문화는 수평적−
3. 잡담을 많이 나누는 것이 경쟁력이다.
4. 쓰레기는 먼저 본 사람이 줍는다.
5. 휴가나 퇴근 시 눈치주는 농담을 하지 않는다.
6. 보고는 팩트에 기반한다.
7. 일의 목적, 기간, 결과, 공유자를 고민하며 일한다.
8. 책임은 실행한 사람이 아닌 결정한 사람이 진다.
9. 가족에게 부끄러운 일은 하지 않는다.
10. 모든 일의 궁극적인 목적은 '고객창출'과 '고객만족'이다.
11. 이끌거나, 따르거나, 떠나거나!

'쓰레기는 먼저 본 사람이 줍는다', '휴가나 퇴근 시 눈치 주는 농담을 하지 않는다' 등 사소한 팁처럼 느껴지는 항목도 있고, '실행은 수직적 문화는 수평적, 책임은 실행한 사람이 아닌 결정한 사람이 진다' 등 조직운영의 근본적 항목도 있습니다. 저는 '이끌거나 따르거나 떠나거나'가 인상적이었습니다. 조직생활에서 '자신의 능력으로 남을 이끌거나, 능력이 부족한 부분에서 남을 따르거나, 이것도 저것도 아니면 떠나라'는 불편한 진실을 공식적으로 솔직하게 표방하고 있는 부분입니다. 외견상 자유분방하지만 기저에는 책임과 원칙이 있습니다.

기초체력이 부실하면
생존이 불가능하다

• 영역을 막론하고 성공하는 조직의 기초체력은 분명한 원칙과 규율에 근거한 철저한 관리입니다. 이 바탕 위에 다양한 기술과 아이디어, 지식과 협업이 결합되어 최고로 발전하는 것입니다.

스타트업이나 벤처도 마찬가지입니다. 창의력·순발력·분석력·인내력이 모두 필요하지만 결국 본질은 돈을 버는 사업입니다. 지식과 경험의 가치를 고객에게 전달해 돈을 법니다. 돈을 버는 조직의 기초체력은 결국 철저한 운영 역량입니다.

영역을 막론하고
성공하는 조직의 기초체력은
분명한 원칙과 규율에 근거한
철저한 관리입니다.

아무리 화려한 스펙과 명성으로 치장되어 있어도 기초체력이 부실하면 생존이 불가능합니다. 명멸했던 수많은 기업들을 생각해보면 알 수 있습니다. 제가 사회생활을 시작한 후의 경험을 돌이켜 보면 '어려울수록 기본으로 돌아간다'라는 진리를 다시금 실감합니다.

• • •

눈에 보이는 현상만이 아니라 눈에 보이지 않는 이면에 내재한 부분까지 이해해야 전체를 파악할 수 있습니다. 화려한 성공으로 각광받는 순간의 이면에는 피나는 노력의 오랜 시간이 있게 마련입니다. 디지털 시대의 벤처, 스타트업들도 마찬가지입니다. 주목받는 자유롭고 창의적인 조직문화의 이면에 철저한 운영 관리 역량이 기초체력으로 뒷받침되어야 성공합니다.

아버지와 어머니의 기록,
삶의 용기와 지혜를 얻다

아버지와 어머니는 모든 사람에게 마음의 고향입니다. 성인이
되어 슬하를 떠나서 생활하면서도 언제나 마음 한 구석은 부
모님이 계신 곳으로 향합니다. 중년에 접어들어 부모님께서
세상을 떠나시게 되면 더욱 애틋한 마음이 됩니다. 나이가 들
수록 격동기의 힘든 시대에 신산한 삶을 살아오시면서 자식을
키운 헌신과 노력에 감사하는 마음이 커집니다. 또한 생전에
보여주신 모습과 말씀을 통해서 부족한 자식에게 인생살이의
태도와 지혜를 남겨주셨음을 실감합니다.
  10여 년 전 북한의 고향을 기억하는 피난 1세대들이 세상을

떠나면서 희미해지는 고향과의 인연을 안타깝게 생각하시는 노년에 접어든 아버지께 저는 자서전을 써보시라고 권해드렸습니다. 망설이셨던 아버지는 "어린 손자손녀들이 성장한 뒤 할아버지가 어떤 생각을 갖고 어떻게 사셨는지를 알 수 있도록 해달라"는 연이은 저의 권유에 틈틈이 집필을 시작하셨습니다. 평안북도 고향에서의 어린 시절에서 시작해 피난생활의 고단함, 군대시절, 취업과 결혼, 아들들의 성장과정, 손자손녀의 출생 등 기쁨과 함께 아내를 먼저 떠나보낸 슬픔 등 당신의 삶과 피난민의 가족사를 담담하게 기록하셨습니다.

문득 세상을 떠나신 아버지가 그리워질 때면 남기신 자서전을 읽으면서 '말없는 대화'를 나눕니다. 세월이 흘러 20대에 접어든 손자손녀들이 자서전을 읽으면서, 막연한 기억으로만 남아 있던 할아버지의 생생한 삶과 교훈을 자서전으로 접하는 모습도 큰 보람입니다. 오래 사셨더라면 후손들과 직접 교류하면서 육성으로 가르쳐주셨을 더 많은 지혜와 경험에 대한 아쉬움도 커집니다.

아버지께서 별세하시면서 고향집에 몇 년 먼저 세상을 떠나신 어머니의 일기장에 대해서 말씀하셨습니다. 일흔 평생 동안 틈틈이 써오신 일기장에는 어머니께서 결혼 전부터 할머니가 되기까지의 일생이 압축되어 있었습니다. 일제강점기에 태어나 유년기를 보낸 세대들이 모두 그러하듯이 시골에서 태어나 전쟁을 겪고 궁핍을 견디면서 10대를 보냈고, 20대에 접어들어 사회생활을 시작하고 이어지는 결혼, 슬하의 자식들을 키우면서 친정과 시댁 식구들과 함께 보내온 삶은 그야말로 인고의 세월이었습니다.

그런 어려움 속에서도 어머니의 일기장에는 행복한 순간들이 많았습니다. 첫 직장에 출근하는 기대감, 결혼에 이은 출산, 아기와 나선 화창한 봄날의 나들이길, 아장아장 걷는 아들들을 앞세우고 친정 가는 시골길의 풍경 등 저의 기억에서도 가물가물한 오래전의 시간들이 정물화처럼 담겨 있었습니다. 아이들이 커서 학교에 가고, 수학여행을 가고, 성년이 되어 결혼해서 손자손녀를 보는 과정들이 일상의 잔잔한 기쁨과 보람으로 채색되어 있었습니다.

어머니의 일기장을 처음으로 펼친 날, 늦은 밤까지 혼자 읽으면서 감회에 젖었습니다. 어머니와 함께 보냈던 추억들과 미처 알지 못했던 재미있는 가족사가 오롯이 담겨 있었습니다. 저에게 아버지의 자서전, 어머니의 일기장은 그 존재만으로도 항상 큰 위안을 주고 힘이 됩니다. 살아계실 때 미처 알지 못했던 부모님을 더욱 깊이 이해하고 추억할 수 있게 하는 소중한 유산입니다.

삶은 누구에게나 힘들고 어렵게 마련이지만 또한 보람 있고 기쁜 순간들이 교차합니다. 부모님의 기대와 헌신은 이런 현실에서 언제나 희망을 가지고 열심히 살아가게 하는 든든한 후원자입니다. 또한 삶이란 좋은 사람, 좋은 생각들을 만나면서 몸과 마음이 커지고 앞으로 나아가게 됩니다. 부모님은 이 과정에서도 언제나 자식을 올바른 방향으로 이끄는 인생의 나침반이자 평생의 멘토입니다. 비록 두 분이 세상을 떠나셨어도 그 무게감은 더욱 커집니다.

비단 저뿐만이 아니라 우리 모두가 부모님으로부터 세상을 대하는 통찰, 삶을 대하는 용기와 지혜라는 소중한 유산을 물려받았습니다. 세월이 흐르면 자신이 부모가 되어 자식들을 대하게 됩니다. 다음 세대에게 세상을 대하는 올바른 태도와 사고방식을 물려주고 아이들이 미래에 자신의 가능성을 충분히 계발하고 잠재된 역량을 유감없이 발휘하게 하는 것이 의무이자 보람이라고 생각합니다.

세상을 읽는
통찰의 순간들

초판 1쇄 발행 2019년 7월 15일
초판 3쇄 발행 2019년 9월 5일

지은이 김경준
펴낸곳 원앤원북스
펴낸이 오운영
경영총괄 박종명
편집 최윤정 · 김효주 · 채지혜 · 이광민
마케팅 안대현 · 문준영
등록번호 제2018-000058호(2018년 1월 23일)
주소 04091 서울시 마포구 토정로 222 한국출판콘텐츠센터 306호 (신수동)
전화 (02)719-7735 **| 팩스** (02)719-7736
이메일 onobooks2018@naver.com **| 블로그** blog.naver.com/onobooks2018
값 15,000원
ISBN 979-11-89344-97-9 03320

이 도서의 국립중앙도서관 출판예정도서목록(CIP)은 서지정보유통지원시스템 홈페이지(http://seoji.nl.go.kr)와
국가자료공동목록시스템(http://www.nl.go.kr/kolisnet)에서 이용하실 수 있습니다.(CIP제어번호: CIP2019025030)

※ 원앤원북스는 독자 여러분의 소중한 아이디어와 원고 투고를 기다리고 있습니다.
원고가 있으신 분은 onobooks2018@naver.com으로 간단한 기획의도와 개요, 연락처를 보내주세요.